若手教師が伸びる
「10」のすすめ

教師力を磨く

仲島 正教 著

大修館書店

はじめに

仲島正教君へ

卒業おめでとう。

この一年間、学級だけでなく児童会でも大活躍だったあなた、下級生からの信望も厚くみんなのために本当によくがんばってくれましたね。ありがとう。

これから先も自分の力を信じて大きく羽ばたいてください。いつまでも応援しています。いつの日か、あなたといっしょに教壇に立てる日を夢見ています。

昭和四十四年三月十八日　森木美佐子

これは私が小学校を卒業する日に、担任の森木美佐子先生からいただいた手紙に書いてあった言葉です。その最後の一文に私はびっくりしていました。自分自身、将来何になるかもまだ決めていないときに、森木先生はこう言いきっていたのです。

そしてそれから十年後の、昭和五十四（一九七九）年四月七日、私は兵庫県西宮市立今津小学校三年三組の教室に立っていました。

「森木先生、ついに私もここに立ちましたよ」

と心のなかでつぶやいたあと、目の前の子どもたちとあいさつをかわしました。
こうして、私の教師生活がスタートしたのです。

以後二十六年間、私は小学校教師としていろいろな体験をしていきました。苦しかったことや悲しかったことも数多くありましたが、そんなことをすっかり忘れるぐらいの感動の体験がそれ以上にありました。「先生って仕事はなんてすばらしいのだろう」「生まれ変わっても、また先生になりたい」。そう思っていました。同僚や保護者からも「仲島先生にとって、教師は天職ですね」と言われたこともありますし、自分でも「教師の仕事」が一番合っていると思っていました。

そんな私が四十代半ばにさしかかったころ、「いまのままでいいのだろうか。いまの自分の役割って何だろう」とぼんやり考える日々が続きました。そのころ、私は学校現場を離れ、教育委員会指導主事という仕事をしていましたので、よけいにそんなことを考えていたのかもしれません。

そして「若い先生に教師の仕事のすばらしさをもっと伝えたい」「これからの自分の役割は、教室に戻って四十人の子どもを元気づけることではなく、四十人の先生を育てて一六〇〇人の子どもを元気にさせること」。そのために「若い先生を育てるセミナーを開きたい」とはっきりとした夢を持つようになったのです。

でもそのことを同僚に相談すると、
「考えはとてもいいと思うけど、わざわざ辞めなくても……」
「いまは、経済的にも安定しているのに……」

「もうすぐおまえは管理職になって現場に戻るのだから……」

「校長先生になって、自分の理想の学校をつくれよ」

「辞めるのはもったいない」

「とにかく、辞めるのは、やめろ」

と反対意見ばかりでした。そういう私も、もしそんなことを同僚から相談されたら多分同じことを言ったでしょう。同僚の助言としては当然と言えば当然でした。

しかし運命のいたずらが待っていました。

「やっぱり、無理か」と諦めかけたころ、教え子の結婚式に行きました。

そのとき、もうすぐ三十歳を迎える教え子たちとワイワイ話しながら、私はこの話を少し切り出しました。すると、教え子たちから、

「仲島先生、それはいい話だよ。若い先生のためにやってあげてよ」

「いまさら、何を躊躇しているんですか」

「経済的なことを心配しているの？」

「仲島先生は教頭先生や校長先生になるより、そっちのほうが合っているよ」

と言われました。

「そんなに簡単に言うな」

と反論する私に、教え子たちは、

「仲島先生は、僕らに『夢を持て！　失敗を恐れるな！　チャレンジ精神だ！』っていつも言っていた

じゃないか。僕らはその言葉で今日までがんばってきたんだよ。その先生がいまここでチャレンジしないの？　諦めるの？」

最後のひと言が強烈に私の心に突き刺さりました。

そして私は、

「よしっ、チャレンジするぞ！」

と決めたのです。教え子が最後に私の背中を押してくれたのです。

それから一年半後の平成十七（二〇〇五）年三月三十一日、私は四十八歳で早期退職しました。教師に全く未練はないかと言えば嘘になります。でも「四十人の子どもを育てることから、四十人の先生を育てて一六〇〇人の子どもを元気にさせる」という新しい夢に燃えていましたので悔いはありませんでした。

そして、「若手教師パワーアップセミナー『元気が一番』塾」を立ち上げることになったのです。


今回この本の題名になっている「教師力」とは、いったいどういう力なのでしょう。

私は、「教師力」とは、「子どもを躍動させる力」ととらえています。

もう少し単純な言い方をすると、「子どもを元気にする力」ということになるでしょうが、あえて「躍動」の言葉を使ったのは、「躍動」には、理想、目標、夢、未来という要素が入っているような気がするからです。自尊感情を高め、未来に羽ばたく力をしっかりつけてやるのが「教師力」と言えるのではないかと考えています。

本書では、自分の学校で、学級で「子どもを躍動させる」ためには、どうすればいいのかを述べています。特に若い先生に、ぜひやってほしいことを「10のすすめ」としてまとめてみました。本書を読むことによって、「よし、やってみよう！」「教師の仕事っていいなあ」と、先生自身も「元気が出る」本になれば、私としては最大の喜びになります。

ここ何年かの社会を取り巻く教育状況は決していいとは言えません。そんななかで学校教育への風当たりは強く、やれ子どもの学力が低下しているだの、心の教育ができていないだの、登下校の安全だの、おまけにしつけもきちんとしてほしい、そして必ず最後には、教師の質が落ちていると声高に叫ばれています。

ここ二、三年はいわゆる団塊の世代の退職により、教師の世界も大きく世代交代が行われます。若手教師の時代がもうまもなくやってきます。そんな若手教師が力量をアップし、これからの学校を元気にしていくことを願ってやみません。

教師力を磨く／もくじ

はじめに　3

第1章「教師」のすすめ――この仕事の魅力……13
初めて教壇に立ったとき　14　三月、子どもとの別れ、そして感動　16
「一人の喜びはみんなの喜び」　18　「涙が出てしもうた」　21
「オレ、先生と会えてよかった」　24　教え子と一杯飲める幸せ　31
教師の仕事というのは……　33

第2章「若い」のすすめ――若さは大きな財産……39
若いというだけで子どもは喜ぶ　40　若いというだけで保護者は心配する　42
若いというだけで、許されることもある　44
失敗しても大丈夫、とにかくやってみる　46
ちょっと生意気ぐらいがちょうどいい　47
苦手な教科こそ、実は得意になれる可能性がある　49
アホな先生になろう　52
イチロー（マリナーズ）の言葉　54

第3章 「出会い」のすすめ――「出会い」、それは成長 …… 57
出会いはいいスタートにつながる 58　子どもを惹きつける着任式での出会い 58
教室での出会い 62　先入観を持たない出会いを！ 64
担任の主張が出る出会いを！ 65　保護者との出会い 66　目標の先生との出会い 67
授業との出会い 70　こんな出会い、あんな出会い 74　「めあて」との出会い 75

第4章 「遊び」のすすめ――若手教師の最大の切り札 …… 81
思い出は「先生と遊んだこと」82　若いときに遊ばずして、いつ遊ぶ？ 83
休み時間には一番に運動場に出る 84　ただのお兄ちゃんとプロ教師の違い 85
遊びのなかに本音がつまっている 86　教師はガキ大将に！ 88
遊んでもらった経験はその子の一生の宝 89　悩んだときは、とにかく遊べ！ 90
息をハァーハァーさせながら授業に臨む喜び 91
ゲーム「大あらし」で知る家庭の様子 93　青春を謳歌しよう 94

第5章 「ほめる」のすすめ――具体的なほめ方を …… 99
何をほめるのか 100　いつほめるのか 101　学級通信でほめる 103
個人懇談会でほめる 104　学級懇談会（全体懇談会）でほめる 106　通知表でほめる 107

家庭訪問でほめる　110　学級目標に返してほめる　113　「叱る」「怒る」ことも遠慮しない！　114
教師は自分の「ほめる感性」を育てること　116　お母さんから教えてもらったこと　116

第6章「研究授業」のすすめ――授業のうまい先生に……121
教師の原点は授業　122　研究授業は自分を伸ばすチャンス　123
授業づくりと学級づくりは両輪　124　若手教師が研究授業をするから研究会が盛りあがる　126
授業づくりは「あの子の目を輝かせたい」から始める　127　たかが指導案、されど指導案　128
一人ひとりを生かす指導案の書き方〈その1〉指導案の一番大切な部分は？　130
一人ひとりを生かす指導案の書き方〈その2〉趣旨をどう書くか　131
研究授業をみるポイントは？　133

第7章「学級通信」のすすめ――子どもが輝く学級通信……143
学級通信の題名を考えることからスタート　144　どんなことを書くのか　146
学級通信を「書くこと」によって、子どもに「気づく」　150
学級通信を長く続けるコツは？　151　学級づくりと学級通信　152

第8章「書くこと」のすすめ――書きたくなる工夫を……161
「書いてみたいな」と子どもに思わせる作文指導の工夫あれこれ　162

子どもの記録をどうつけていくか 171

第９章 「人権教育」のすすめ──優しい人に育てたい……183
人権教育はむずかしい？ 184
人権教育って何？ ひと言で言えば「優しい人」になること 185
「先生、私には『憂』という字は…にみえる」 188
優しい人になれば、人権問題は解決するの？ 189
人権教育の視点に立った学級づくり、授業づくりとは 193
同和教育と人権教育の違い 194
同和問題の解決へ向けて 195
子どもたちの叫びを大人は聞いてほしい 199

第10章 「体育」のすすめ──体育を通しての人間づくり……203
高田典衛先生と土谷正規先生との出会い 204
体育の授業で大切なこと 205
一番苦手な子が生き生きと活動する体育に 206
魅力ある体育学習にするための四つの条件 207
体育を通した人間づくり──実践例「私たちのゴールパスゲーム」（四年）の授業を通して 208
体育の学習とは、自分の生き方に自信と勇気を与えてくれるもの 220

おわりに 228

第1章 「教師」のすすめ ――この仕事の魅力

教師の仕事はしんどいです。
でも楽しいものです。
もし生まれ変わったとしても、
また教師になりたいと思っています。
なぜかというと、
すばらしい「出会い」があり、
温かな「つながり」があり、
最高の「感動」があるからです。
この仕事には魅力がいっぱいです。

●初めて教壇に立ったとき――夢が実現、しかし現実は……

中学一年で教師になると決めてから、十年間ずっと思い続け、ついに念願の教師になれた自分は「きっといい教師になれるんだ」「教育実習でも結構やれたし、教師に向いている」と思い込んでいました。

しかし、昭和五十四（一九七九）年四月、西宮市立今津小学校の三年三組の教壇に立ってみると、そうはうまくいきませんでした。教育実習とは違い、毎日毎日授業があり、毎時間の教材研究でくたくたになってしまったことも原因です。せっかく教材研究をしてきたのに、子どもが忘れ物をしてきて、結局授業ができないこともありました。図工の時間、「桜祭りコンクール」の絵を描かせると、一組、二組、四組はそれぞれ十数人の子が入賞以上をとったのに、私のクラスである三組はたったの一人です。それも私の指導ではなく、その子の素質でとったものでした。

教えることが得意だと思っていた私でしたが、そのことがあってから、実は何もできないことに気づかされました。得意だった社会も、授業となるとなかなかうまくできません。自分には簡単に身につけられた地名も、覚えられない子にとっては苦痛の授業になっていきました。

休み時間、職員トイレのドアを開けてなかに入ると、体からは力が抜けていきました。

「ああ、自分は教師には向いていなかったんだ」

そう思う日が続いていきます。

五月に入り、遠足の下見に行く日が近づいてきました。若いときはこれがうれしいものです。遠足というと、下見であろうが本番であろうが、もう子どもと一緒です。ワクワクドキドキなんですね。そんなふうに楽しみにしていた遠足の下見の日。午後から少ししんどいなと思って熱を計ると、なんと三十八度五分。しんどいはずです。ついにこの日、私はダウンして下見にも行けずじまいでした。

いま思い返してみると、こんな状態の新米教師でしたが、そのあと何とかやっていけたのは、同僚の先生方の温かい励ましと指導があったからです。このときの三年生の担任教師の年齢構成は、いまでは考えられないことですが、三十三歳、三十一歳、二十八歳、そして私が二十二歳という、むちゃくちゃ若いものでした。しょっちゅうお茶に行ったり、飲みに連れて行っていただいたりしていました。また、「桜祭りコンクール」で散々の結果だった私に、図工専科の中西徹先生が「指導のコツ」を、音楽の田中安夫先生は発声の仕方を優しく教えてくださいました。そんな先輩に囲まれながら、何とか一年間を過ごしていきました。

新米教師にとって最初の二ヵ月ほどはやはり試練のときです。いまそのような状況にある読者の方は、どうかここを何としても乗り切ってほしいものです。二〇〇五年度当初、埼玉県で新任の小学校教師が早朝の教室で自殺をするというショッキングな出来事がありましたが、誰もがしんどいときです。どうか若い先生たち、誰もが通る道だと思って、がんばってください。

●三月、子どもとの別れ、そして感動――「一生、教師をやりたい」

昭和五十五（一九八〇）年三月、初めて教壇に立ってから一年が経ち、臨時助教諭としての採用期間が終わろうとしていました。西宮市立今津小学校でのこの一年は、私にとって一生忘れられないものになっていました。何とか教員採用試験にも合格し、四月から正規の教員としての内示の日が近づいていました。そのようなときに先輩から、「もしかするとこのまま今津小学校で正規の採用になるかもしれないよ」と言われ、これは願ってもないことだと喜んでいました。

三月二十五日の終業式、一年間をともに過ごした三年三組三十三人の子どもたちと最後の日です。本来ならこの日で本当にお別れなのですが、四月からこの学校で正規採用されると思い込んでいた私は、お別れの言葉に真実味がなく、型どおりのあいさつをして子どもたちと別れました。最後に今津の歴史的建築物である六角堂の前で一緒に写真を撮りました（本章扉の写真）が、このときの私の笑顔は、「またこの子たちと会える」と思っていたからでしょう。

そしてその日の夕方、内示が出ました。

「仲島先生は、段上西小学校です。まだ三年目の新設校で、やりがいのあるいい学校ですよ」

「ありがとうございました」と返事をしたものの、すぐには職員室に戻らずにそのまま三年三組の教室に行きました。窓の外をみながら、「仕方ないなあ」「あの子たちとちゃんと別れをしておくべきだったなあ」といろいろなことを考えながら、一年間過ごした教室で一人ぼおっと立っていました。しばらくして、バタバタと大きな音がして、同僚の先生が教室に飛び込んできました。隣のクラスの赤木聡子先生です。

「来年も一緒にできると思っていたのにねえ……」

その言葉を聞いた途端、大粒の涙がこぼれ落ちてしまいました。肩が大きく振れるほど泣いてしまいました。なぜだかわかりません。悲しいのではありません。そうではなく、一年間のいろいろな思い出が蘇ってきたのでしょうか。とにかく恥ずかしいと思いつつ、涙が止まりませんでした。

あの夕暮れの暗い教室で窓の外をみながら泣いてしまったことは、私の二十三歳の記念樹になりました。

四月十三日、離任式がありました。私は小さいころから涙を流すことは格好悪いと思っていましたから、人前ではほとんど涙はみせませんでした。そして、離任式は「湿っぽいのはいやだ、自分らしく元気にするぞ」と考えていました。

離任式が終わり、新しい赴任校に帰ろうとしたときに、四年三組（担任した子たちがそのまま持ち上がった学級）の担任の仲山先生に、

「仲島先生、あの子たちと最後のお別れをしてあげて」と言われ、少し緊張しながら四年三組の教室に行きました。子どもたちをみると、何だか春休みのうちに大きくたくましくなった気がしました。

「今日から四年生、みんながんばるんやで。先生は段上西小学校という学校に行くけど、そこからみんなのこと、応援しているからね。三月二十五日、三年三組最後の日にみんなと六角堂で撮った写真ができたから、それを渡すね」

一人ずつに写真を渡し始めました。十人ほど渡したでしょうか。上村君が急に前に駆け寄ってきて、

「せんせー」

と、泣きながら抱きついてきました。すると、同時に三十二人の子どもたちが一斉に私の前に駆け寄ってきました。私は不意をつかれ、我慢する間もなく涙が止めどもなく流れ出ていました。三十三人の子どもたちが私の周りに来て泣いてくれている。教師としてこんなにうれしいことはありません。新米教師でろくに授業もできなかった私に、こんなことをしてくれているのです。私はこのときに誓いました。

「一生、教師をやりたい」

この出来事が私の教師としての原動力になりました。

●「一人の喜びはみんなの喜び」──真由美の台上前転

子どもたちは学校生活のなかでいろいろな出来事に出会います。それはうまくいくことばかりではありません。むしろうまくいかないことのほうが多いぐらいです。でもそんなときにこそ、人と人との間には「つながりと感動」が生まれるものです。次は、四年生を担任していたときの話です。

体育の時間のことです。「忍者のようにくるりと回る工夫をしよう」ということで、四年生の子どもたちは、体育館にマットや跳び箱などを自分たちで考えて並べていました。「くるりと回る技」ということで、前転系、後転系の技や側転などいろいろと挑戦していましたが、この日は、いわゆる台上前転に子どもたちの関心が集まっていました。みんなで教え合ったりしながら授業は進んでいきました。その様子を学級通信に書きました（名前は仮名）。

この子たちは、本当にすごい！——体育での出来事〔十二月十一日〕

「先生、目が赤いで！　泣いているんじゃないの。さっきのこと、うれしかってんやろ」。そんなことを言われて、先生は困ってしまいました。でもそうさせたのは、みんなだから責任はみんなにあるのですよ。先生にあんな感動のシーンを見せるんだから……。

４時間目、体育。今日は「忍者のようにクルリと回る工夫」をして跳び箱の上で回る練習をしました。はじめ、跳び箱の高さと幅の狭さに怖がって、なかなかできませんでしたが、少しずつできる人が増え、教え合いながらどんどん上手になっていきました。マットが苦手な桑野君も吉田君が付きっきりで教えてくれ、ついにできるようになりました。ほかにも仲間の支えでできる人がどんどん増えていきました。

でも真由美は、まだできずにいました、怖さがじゃまをしてなかなか足を振り上げられないのです。でもそこにもちゃんと友だちがついていてくれました。そんな姿を見て、先生は「ここまでがんばっているのだから、できなくてもいい。今日無理しなくてもいつかできるだろう」と思って、終わりの合図をしました。

みんなでマット、跳び箱を片付け、みんなは給食の用意に行きました。が、真由美を含め５人の子が残っているのです。「先生、残ってもう少し練習していいですか？」ときくので「オッケー」と言い、しばらく先生も様子を見ていました。すると自分たちでマットと跳び箱を出し、再び真由美に教えはじめました。同じ高さに積んだマットならできるのに、跳び箱になると出来ないのです。そのうち、教室から心配してくれた子が1人2人…5人6人…と体育館を見にきてくれ、一緒に声をかけてくれ「ここに手をついたらいいよ」「マットより低いよ」「思い切っていきー」「誰でも失敗はあるよ」「跳び箱から落ちそうになったら、ここで支えるから大丈夫！」「自転車でも最初は乗れへんけど、だんだんできるようになるやろ、これも同じや、がんばれ」「勇気出して」などたくさんの声がかかりました。

教室では給食の用意ができました。教室にいた子もいつの間にか、全員が体育館に集まって来ていました。給食も食べずに全員が体育館の真由美の跳び箱の周りにいました。先生はその様子だけで感動してしまいました。もう給食なんかいいや、給食の調理員の方に先生が謝りにいけばいい。ここはいつまでもこの子たちに付き合おうと思っていました。

時計の針は12時50分をすぎていました。53分ぐらいだったかな。その時、真由美の足がフワリと浮き、体がフワリと跳び箱の上を回りました。その小さな輪の中から大きな拍手と、とってもいい笑顔が広がりました。その瞬間、先生は熱く感動してしまいました。

すごくいいものを見せてもらいました。こんなすばらしいシーンを見せてもらえる先生は、世界一の幸せ者だなと思いました。この子たちは、本当にすごい！　そう思いました。

あなたたちに出会えてよかった。今年一番の宝物は、あなたたちに出会えたことです。すばらしいドラマをありがとう。

（一九九七年十二月十一日　四年一組学級通信第一一〇号より）

私たち教師は、子どもたちがつまずき悩んでいると、すぐにそれを取り除いてやろうとします。それが教師の役目だと思っています。しかし、少し様子をみていると、そのうちに必ず自分たちで動き始めます。子どもたちは教師が思っている以上に、本当は力を持っています。その力をどう引き出してやるかが、教師の本当の役目ではないでしょうか。引き出すことができたとき、教師は「やりがい」を感じます。

この体育の出来事のあと、みんなの「優しさ」をもらった真由美は「みんなに囲まれてできたあのことは一生忘れない」と言い、周りにいた亀田さんは「一人の喜びはみんなの喜びだ」と感想を熱く語ってくれました。この体験は、この子たちの一生の宝物になったと同時に、私にとっても一生の宝物になりました。

●「涙が出てしもうた」——感動の卒業試験

教師になって五年が過ぎたころ、同じ学校の桑木健二郎先生から「卒業試験の話」を聞かせてもらいました。私はその話にとても感動し、いつか自分も実践してみたいと考えるようになりました。そして、それから三年後、私は六年生を担任し、とうとう「卒業試験」を自分のクラスでやってみることになりました。

卒業式まであと一ヵ月に迫った日の五時間目、私は口を開きました。

「みんな、卒業式まであと一ヵ月になりましたが、いまから卒業試験をやります。この卒業試験に合格しないと卒業させません」

子どもたちはびっくりした様子で、

「先生、どんな問題？　国語？　算数？　社会？……」

「違うよ、そんなんじゃないよ。じゃ、問題を言うからよく聞いておくように。このクラスは三十八人いるけどな、いまから『人間のいい者順に一列に並びなさい！』。さあ並んでごらん、誰が一番いい人間や？　誰が一番悪い人間や？」

と言いました。

そんな私の突然の問いかけに、子どもたちは反発しました。

「先生、それはおかしいと思います。だって先生はいままで、人間にはそれぞれにいいところや悪いところがあって、それぞれに個性があって、決して順位はつけられないって言ってたじゃないですか？それは嘘だったんですか？」

「嘘じゃないよ。それは本当だよ。でも今日は今日。さあ『人間のいい者順に一列に並びなさい』。川田君（仮名）、このクラスで誰が一番悪い人間ですか？　さあ答えて！」

すると、川田君は立ち上がって、

「このクラスには、悪い人は一人もいません。みんないい人です」

と泣きながら訴えました。子どもたちは次々に、

「先生ひどい！」「先生、そんなのおかしい！」「なんでそんなことを急に言い出すの？」

私と子どもたちはケンカ状態になりながら、その日は終わりました。家に帰ると子どもたちはお母さんにそのことを言いつけ、「それはひどいなあ、明日校長先生に言いに行こうか」などと何人かのお母さんたちもひどく怒っていたようです。

翌朝、子どもたちの日記を見ると、「先生なんかきらい」「もうどこかの学校にかわったらいいのに」「もうしゃべらない」などの反発の言葉が綴られていました。

それでも私は再び言いました。

「さあ、今日こそ並んでもらうぞ。さあ人間のいい者順に一列に並びなさい」

すると、子どもたちはまた怒りましたが、あまりの私のしつこさに、一人の子が、

「先生はもう職員室に帰ってください。僕らだけで考えるから……」

私は教室を追いやられ、職員室で待つことにしました。

一時間近く経ったころ、代表の子が私を呼びに来てくれました。

「できたんか？」

「はい、できました」

私は、少し緊張しながら教室に向かい、ドアを開けました。

するとそこには、三十八人の子どもたちが、男女交互になって、なかを向いて、一つの輪になって待っていました。

私はその輪の中に入り、

「誰が一番いい人間や？」と聞くと、全員が手を挙げました。

「誰が一番悪い人間や？」

また、みんなが一斉に手を挙げました。

「よく考えたな、そうだよ、これが正解だよ。こうやって三十八人が一つの輪になると、全員の顔が見えるだろ。うれしそうな顔をしている友だちがいれば一緒に喜べるし、悲しそうな顔をしている友だちがいれば、そばに行って声をかけてあげることができるだろ。こうやって輪になれば、人間はつながっていけるんだよ。これからの人生、苦しいこともあるだろうけど、人間はこうやって輪になっていけば、それを乗り越えていくことができるんだよ」

そう言いながら私の目から涙がこぼれました。子どもたちも泣いていましたが、やがてそこには最高の笑顔も生まれました。そして一ヵ月後、彼らは元気に小学校を巣立っていきました。

その子たちはいま、もう三十歳になります。ある男の子はいまでもそのことを覚えていてくれて、

「あのとき、オレ、涙が出てしもうた。ホンマ感動したわ」

そう話してくれました。そんな「感動の卒業試験」でした。

●「オレ、先生と会えてよかった」——優介とのマラソン

これは、私が市の教育委員会に入る直前の話ですから、私にとって最後の学級の子どもということになります。六年生の優介（仮名）という子との話です。この子は、いわゆる自尊感情の低い子でした。

この優介との「出会いと格闘」、そして「感動の出来事」を『体育科教育』二〇〇三年五月号（大修館書店）に書きました。そのなかから抜粋し、そのあとの出来事も補足してお話ししたいと思います。

優介との出会いは、六年生になってからでした。大柄な男の子で、みんなのなかではボス的な存在でした。ただ、優介の眼はどことなくいつも暗い感じがしていました。

四月のある日、優介を別室に呼び、指導をしていると、

「俺はどうせ役に立たない人間や。もし役に立たない人間の星があったら、俺はそこにきっと送り込まれるわ」。そんな発言をしたのです。

「この優介を何とかしたい。優介に『俺もなかなかなもんや』と言わせたい」。私はそんな思いに強くかられました。それ以来、優介のいいところを必死で探そうとするのですが、みえるのは悪いことばかり。車椅子の友だちをわざとひっくり返したとか、公民館で迷惑行為をしたとか、そんなことが続きました。でもそのうち、漢字をていねいに書いたとか、宿題をしたとか、机から落ちた友だちのノートを拾ってあげたとか、少しずつ優介のいいところがみえてきました。

私はそのたびに家庭訪問に行き、「お母さん、今日優介がこんなことをしてくれました」と玄関先の五分間報告をしました。最初のころは、お母さんもけげんそうな顔をしておられましたが、そのうち私の訪問を楽しみにしてくれるようになり、話をする場所も玄関先からだんだんと家のなかに通されるようになっていきました。優介もそのあとには車を止めているところまで私を送ってくれるようになりました。

ところが、このままうまくいけばいいなと思っていた二学期の半ば、ある事件が起き、私は優介を別室に呼んで厳しく指導しました。しかし彼の目は斜めを向いていました。

「優介！　おまえはしんどいことからはいつも逃げているやないか。毎朝のたった二周のジョギングもさぼってばかりやないか。悔しかったら毎朝十周走ってみろ！」

するとと優介は、

「先生も走るんか」

「先生も走ったる！」

と意地の張り合いになりました。

このようにして、翌日から卒業式の前日（三月十七日）までの約百五十日間、私と優介とその仲間たち四人との約千五百周のジョギングが始まったのです。優介は遅れてくることもたびたびありました。トラブルもよくありました。しかし時間が過ぎても、いつも十周を走り通しました。雨の日は「今日はうれしいな！」と元気に話しかけてくる優介に、「何言うんや！」と言い返しながら、私も心のなかでホッとしていました。そんな山あり、谷ありの日々が続いていきました。

一月下旬の日曜日、私たち六人は高槻シティマラソンに出場しました。あいにくの雨のなかでしたが、三㎞のファミリーコース（小学生）をずぶぬれになりながら走りました。ゴールしたあと、冷えた体で、百円のうどんを一緒に食べました。

「先生、このうどんむちゃくちゃうまい！　先生、ありがとう！」

この子たちを思いきり抱きしめてやりたくなりました。

卒業まであと一ヵ月になってきたある日、優介が「卒業記念に、世界新をめざしてみんなで四十二・一九五㎞走ろう」という企画を出してきました。

トラック一周は一五〇ｍだから、二八一周と四十五ｍで四十二・一九五㎞になる。六年生と先生で七十四人だから、半周ごとにたすきをつなげば、一人だいたい八回走ればいい。混乱しないためには走る順番の一覧表をつくろう。運動場を二時間半ほど独占するから、他の学年に了承をとらないといけない――そんな手続きを子どもたちはこなしていきました。

そして卒業前の三月九日、この企画が実行されました。子どもたちは「もう何回走ったかわからない」「思ったよりずいぶんしんどい」などと言いながらも、全速力でトラックを駆け抜けていきました。体調の悪い子や疲れて走れなくなった子の分は、元気な子が途中で替わって走ってくれました。途中で足がつりそうになった私の分も走ってくれました。みんなの心が一つになった「黄色いたすき」は、二十五㎞地点までは世界新を上回るペースで進んでいきましたが、三十㎞ぐらいから遅れ始め、ゴールは二時間八分十八秒で惜しくも記録達成はなりませんでした。最後は、アンカーを務めた優介の後ろをみんなもついていきながらのゴールでした。世界新は逃したけれど、「最高の思い出になった」と子どもたちは満面の笑みをみせてくれました。

三月十八日卒業式の朝、私は目を疑いました。朝早く学校に来ると、なんとあの五人が一生懸命に運動場を走っているではありませんか。十周ジョギングは卒業式前日で終わったはずなのに、子どもたちは卒業式の朝まで走っているのです。

「今日がほんまの最後や。いままでで一番速く走れたで」

優介が笑顔で話しかけてきました。私は声につまってしまいました。

「おまえら……。なあ、最後に先生ともう一周走ってくれへんか」

「うん、ええで」

それから私はネクタイ姿のまま、この五人と幸せなラストランをしました。子どもたちの後ろ姿をみながら、涙があふれてしまいました。

卒業式は最初から涙腺が緩みっぱなしでした。子どもたちは本当に「いい顔」をしていました。とても心に残る卒業式でした。優介がぽつりと言いました。

「俺、先生と会えてよかったわ。俺、将来教師にはならないと思うけど、もしなったら先生みたいになりたい」

またまた涙が出てしまいました。「先生も優介と会えてよかったぞ」。そう言うのが精いっぱいでした。


それから三年後、彼らは中学三年生になりました。兵庫県中学校駅伝出場をめざして、阪神大会に出場しました。県大会出場条件は八位以内。優介の学校はアンカーにたすきが渡った時点で八位でした。アンカーの淳一（仮名）はみんなの大きな応援を背に、元気よく走り出しました。

しかし、ゴールに先に帰ってきたのは淳一ではありませんでした。淳一は九位でした。涙を流しながらのゴールでした。泣きながら倒れ込んだ淳一を、みんなはどうすることもできずにただみているだけでした。そこに、向こうからベンチコートを抱えた優介がやってきました。淳一の背中にそっとコートをかけてやり、肩をなでてやる優介でした。感動せずにいられませんでした。

そのあと、優介と二人で話す時間がありました。

「先生、俺な、将来先生になろうかなと思ってるねん」

「そうか……、それはいい。おまえみたいなやつが先生になったら、きっと子どもの気持ちがわかる先生になるぞ。がんばってなれよ！」


優介は中学卒業後、県内の野球名門校に入学。そして厳しい練習に明け暮れていきました。二年生の秋、新チームが発足し、優介はなんと新チームの副キャプテンに指名され、そのことをメールで知らせてくれました。

「先生、オレ今度新チームの副キャプテンに指名されてん。でもオレは口で指示するのは苦手やから、背中でみせる副キャプテンになるわ」

優介が副キャプテンに――そうか、あいつ、ようがんばったんやな。私はこのメールに感動してしまいました。

そして、明くる年の六月。いよいよ甲子園をめざした兵庫県大会が始まり、私は優介に応援メールを送りました。すると、

「先生ありがとう。とうとう最後の大会になったわ。がんばるわな。でも先生、オレ、実はベンチ入りメンバーからはずれたんや。でも自分に与えられたことをがんばるわ」

という返事が戻ってきました。私はショックでした。あんなにがんばっていたのに……、なぜ……。

優介がかわいそうでなりませんでした。

次の日、仕事の帰りに優介の学校のグラウンドのそばに車を止めて、野球部の練習をみていました。ダイヤモンドのなかではレギュラー組が必死で練習しています。優介は外からメガホンを持って必死で声をかけていました。時々ランナーとして登場し、ダイヤモンドを走っていました。優介のユニホームの背中には大きく「すべては夢のために　限界に挑戦」と書いてありました。そのがんばる姿に私は胸が締めつけられる思いでした。夜、優介にメールを打ちました。

「今日、練習、みに行ったぞ。おまえは自分の置かれた立場で一生懸命にやってたな。何かおまえの姿が大きくみえたぞ。おまえはすごいやつや」

すると、

「先生がみに来ていたのはわかっていました。あいさつができずにすみませんでした。オレはオレにできることを最後まで精いっぱいやります。でも先生、野球が好きなのに野球ができないのはつらいです」

胸が痛くなりました。

夏の兵庫県大会が始まり、優介の学校は勝ち進んでいきました。ここを勝てばベスト8という試合を明石球場まで応援に行きましたが、残念ながら優介の学校は負けてしまいました。グラウンドではレギュラー組が泣いています。スタンドでは優介たち補欠組が泣いていました。その夜、メールを打ちました。

「とうとう終わったな。よくがんばったな。優介は大きくなったな、本当に立派になったな。先生はおまえが教え子であることを誇りに思うぞ。本当にお疲れ様でした。今度一緒にめし食いに行こう」

「先生、ありがとう。オレ少し大きくなったかな。今度めし食いに連れて行ってください」

「まかしとけ、腹いっぱい食わせてやるから」

「楽しみです。先生、オレ、これから大学受験の勉強をします。そしていつか先生のセミナーに出たいです」

「そうか……、優介先生がセミナーに来るのを夢みています」

メールを打ちながら、涙がまたこぼれてしまいました。

●教え子と一杯飲める幸せ

ある年の三学期、四年生担任としての一年も終わりに近づき、私は子どもたちに将来の夢を語らせていました。みんなが話したあと、今度は子どもたちから、

「先生の夢は何ですか？」と聞かれました。少し考えて、

「十年後、君たちと一緒に生ビールをググッと飲むことです」と答えました。

教え子と一緒にお酒を飲んで、いろいろなことを話すとき、「ああ教師になってよかったなあ、こうやって一緒に飲めるのはなんて幸せなことや」と感じます。

私が教え子と初めて一緒にお酒を飲んだのは、教師になって十二年目、三十四歳になったときでした。六年生を担任した子がやっと二十歳になり、とうとうその日がやって来ました。

かつて自分の恩師に飲みに連れて行ってもらったのと同じパターンで、四人の教え子たちを、まずは地元の中華料理屋へ連れて行き、生ビールで乾杯し、そのあとは餃子やラーメンをたらふく食べさせておいて、今度は神戸へ繰り出しました。

「先生、酔うた～」と顔を赤らめる教え子たちは、とてもかわいいものです。そして、ちょっとオシャレな洋酒の店に行って、今度はウイスキーの水割りです。

「先生、かっこいいなあ。こんなの初めてや……」

薄暗いラウンジでの大人の雰囲気に、彼らは目を白黒させていました。そんなかわいい様子をみながら、「こいつら、大きくなったなあ」と感慨にふけるのでした。

でも一年も経つと、彼らは一変します。この前まで少しのビールで赤くなっていたのに、すっかり飲み慣れて、何杯もおかわりをします。「こいつら大人になったなあ」と、また感慨にふけるのです。

そして話は弾んでいきます。子どもたちはいろいろなことを覚えています。

「修学旅行の夜、先生に叱られたけど、あのあとも起きていたんやで」

「六年生のとき、『先生、ひどい！』って思っていたことも、大きくなったらよくわかったわ」

「運動会の感動のゴール、いまも覚えているよ」

などなど、本当に懐かしく楽しい話に花が咲きます。

自分が四十代になって、かつてのように体が動かなくなり、「若さを取り戻したい。若いときに戻りたい」と思うこともありましたが、こうやって教え子と飲めるようになって、「トシをとるのもいいなあ」と思えるようになりました。

●教師の仕事というのは……

以上、五つの話を紹介しましたが、教師にはこんな感動のドラマがあります。いいと思いませんか、こんな感動を味わえる教師の仕事って。

でも、こんな感動は、ただ毎日淡々と仕事をこなしているだけでは生まれないと思います。

新任一年目の子どもたちが、なぜ最後に自分の周りで泣いてくれたのでしょう。たぶん、それは私が四六時中子どもたちと過ごしていた結果だと思います。休み時間、昼休み、放課後と時間がある限り、子どもたちと一緒に遊んだり一緒に話をしたり、一緒に居残り勉強をしていました。職員室へはほとんど帰らず、朝から夕方まで子どもたちと過ごしていたのです。

台上前転ができなかった真由美が、なぜみんなの支えでできるようになったのでしょう。たぶん、それは教室で「決して一人も取り残さない」姿勢で、いつも一番弱い立場の子を大事にしていた私の姿を、子どもたちがみていてくれたからだと思います。

卒業試験の話をいろいろな方にすると、「もし輪ができなかったときは、どうしようと思っていたのですか？」と聞かれることがあります。私は「この子たちは必ずできると信じていました」と答えます。なぜ信じることができたかといえば、普段の授業や生活でそんな学級づくりをしてきた自負があったからです。本当に一〇〇％自信があったかと聞かれると、実は「……」ですが、私の熱がきっと子どもたちには通じたのでしょう。

教師の仕事というのは、事務系の仕事と違い、ここまでしたら終わりというのが決まっていません。教師という仕事は、結構いい加減で、きちんとした仕事の範囲が決まっていないのです。ですから、もし仮に教師の仕事の標準を10としても、6や7でも勤まる仕事ですし、逆に13や14でもいける仕事だといえます。

でも、この仕事の特徴は、6や7では、子どもの反応もやはり6や7なのです。13や14ではもちろん13や14です。つまり鏡のような仕事で、やればやるだけのことが返ってくる「やりがい」のある仕事です。ここにこの仕事のよさがあります。

毎日の授業も同じです。いい加減な教材研究をして臨んだ授業では、子どもがあくびをするのは当然です。そしてそんな態度の悪い子どもをみて、つい「しっかり聞きなさい！」と教師が怒りますが、悪いのは本当は教師であることをわかっていても、その怒りは結局子どもに向けられてしまいます。「この授業、おもしろくないよ」「先生なんか嫌い！」と言われるのは当たり前の結果です。

でも教師が一生懸命にやっていれば、たとえ少々授業が下手であっても、子どもは先生を好きになっていき、授業でも少しずつ理解を示すようになります。

さあ、あなたはどれだけやろうと思っていますか。私は同じやるなら「やりがい」のあるようにがんばりたいと思います。教師ががんばれば、必ず子どもは応えてくれます。そしてそのとき、すばらしい感動のドラマが目の前で起こるのです。

教師って、なんていい仕事なのでしょう。

忘れられない思い出①

教え子からのプレゼント

「なぜ、私は教師を目指すのか」

武庫川女子大学四年　大野　茜

「私も仲島先生みたいな教師になりたい。こんな授業をしたい」

小学校四年生だった私はそんなふうに思いました。先生との出会い、仲間との出会い、そして「ゴールパスゲーム」との出会いが今も変わらずこの思いを持ち続けている理由です。この体育の授業との出会いは、私にとって忘れられないものとなりました。これが私が教師をめざすきっかけとなったのです。

「支え合う仲間」。この言葉は当時の四年三組の学級目標です。この仲間づくりが「ゴールパスゲーム」を通して行われました。「ゴールパスゲーム」――そんなゲームがあったかと思われることでしょう。このゲームはルールも名前も自分たちで考え出したものです。このゲームは、体育館の両側に先生の手作りのネットをぶらさげ、シュートするというハンドボール型のゲームです。

当時の仲間に両足をギプスなしでは歩けない女生徒、山本さんがいました。もちろん体育は見学かと思われましたが、仲島先生はそうはさせませんでした。しかし、やはりみんなと同じように走り回ることや、シュートを思うように打つことはできません。そこでどうすれば山本さんにシュートを打たせることができるかを考えたのです。先生が「教えてあげなさい」と言ったわけでもなく、放課後の練習が始まりました。

山本さんがシュートを打つことができるように、チームのメンバーがどのように動けばいいか、受け取りやすいパスの出し方など、作戦を考えたりしました。山本さんは悔しくて泣いたり、もうやめてしまおうかと思ったりもしたそうですが、それでもやめなかったのは周りの仲間がいたからです。そのようななかで何よりもシュートが入ったときは自分のことのようにうれしかったのです。教え合おうとする気持ちが起こったのも「ゴールパスゲーム」をはじめ、日常の学校生活のなかで支え合う仲間づくりが出来ていたからでしょう。

先生は「ああしろ、こうしろ」とは決して言われませんでした。子どもたちに任せてただみているだけです。だからこそ、自分たちで出来る、と思っていたのです。しかし実は、先生は一人ひとりをしっかり観察されていました。当然、最後にゴールを決めた人がチームに貢献した人と思われますが、先生はゴールを決めた人のことだけをみずに、いいパスを出した人のこともみていました。「あそこでいいパスをくれたからシュートが打てたんやな」とみんなに紹介します。チームの仲間がいるからこそシュートが打て、ゴールが決まる。だからこそみんなで獲得した一点だということに気づくことが出来ました。

小学校新学習指導要領は、自ら学び自ら考える力などの「生きる力」の育成を図ることを基本的なねらいとしています。また「総合的な学習の時間」も導入されました。まさにこの「ゴールパスゲーム」はそのものであると思います。

当時の私は、自分たちでゲームを作ったことで、先生から課題を与えられてやるのではなく、自分たちで課題をみつけて取り組む力を身につけることが出来たと思っていました。しかし、今現在「ゴールパスゲーム」を通して得たことはそれだけではないことがわかります。
　例えば、車椅子の人に対してエレベーターのボタンを押すと、ボランティアとなります。しかし、荷物で両手が塞がっている人に対すると、ちょっとした親切です。今の世のなかでは、当たり前のことでも、障害者に対してするとボランティアとなります。しかし私たちは決して教えてあげている、助けてあげているといった気持ちはありません。仲間が困っているときは、助け合い、教え合うことが当たり前のことです。普段の生活のなかで接する機会がないために、障害者と出会うと特別視してしまうのです。山本さんがいるのが当たり前、健常者であろうと、障害者であろうと関係なく、一緒にプレイする仲間です。障害者でも健常者でも助け合うことはあります。みんな、支え合って生きているのです。
　私はこの小学校四年生の一年間で大きく変わりました。子どもたち一人ひとりの個性を引き出し、大きく成長出来た仲島学級、クラスづくり、授業は四年三組の仲間の心に、いつまでも残っています。そして仲島先生は、私にとって尊敬する先生であり、いつも支えてくださいます。私にとっては、このような授業、クラスづくりをすることがずっと変わらない目標です。

（『体育科教育』二〇〇三年八月号より）

（第十章　２０８ページ参照）

第2章 「若い」のすすめ——若さは大きな財産

教師になりたてのころは、
授業の力も学級経営の力もまだまだ未熟で、
ベテランの先生には到底かないません。
でも、ベテラン教師に負けないことが
一つだけあります。
それは「若さ」です。
「若さ」だけは、
絶対にベテラン教師には負けません。
そう「若さ」は、
いまのあなたが持っている大きな財産です。

●若いというだけで子どもは喜ぶ

四月、始業式、学級担任発表。

子どもが一番緊張し、一番楽しみにしているときです。

「今度の先生は、どんな先生だろう?」

「あの先生のクラスになりたい」

「あの先生はいやだ」

「あー、ドキドキ」

実はドキドキするのは子どもだけではありません。教師自身も緊張します。子どもたちがどんな反応を示すか心配だからです。「ヤッター!」と言ってもらえるか、「えーっ」と言われるか、やはり気になります。できることなら「えーっ」とは言われたくないのが人情です。

でも子どもは容赦しません。おじちゃん先生やおばちゃん先生には「えー」を発します。その先生が嫌いというより、年をとっているのが「えー」なのです。ですから若い先生とわかると、「ヤッター」と言います。担任発表は圧倒的に若い先生が有利です。

その有利さを生かさない手はありません。「若い」だけで、子どもは喜んでくれるのですから、その「若さ」を存分に発揮しないと意味がありません。

ところで、「若さ」の条件とは何でしょう。子どもに「若い先生がいい」理由を聞くと、こんな答えが返ってきました。

・若い先生は、よく遊んでくれる
・若い先生は、笑顔がいっぱい
・若い先生は、かっこいい
・若い先生は、足が長い
・若い先生は、怒るときも元気
・若い先生は、宿題をあんまり出さない
・若い先生は、ユーモアがある
・若い先生は、走るのが速い
・若い先生は、給食をよく食べる
・若い先生は、元気がある
・若い先生は、明るい
・若い先生は、美人
・若い先生は、ねちねち怒らない
・若い先生は、熱がある
・若い先生は、授業がおもしろい
・若い先生は、運動ができる
・若い先生は、若い子の気持ちをわかってくれる
・若い先生は、パソコンが使える

この項目を一つひとつみていくと、それは「若い先生」だけの特徴でないこともたくさんあるし、間違っていることもあります。若い先生が宿題を多く出さないことはなく、若い先生がみんな運動ができるかといえば、そんなこともありません。また、ユーモアのあるベテランの先生もいくらでもいます。

でも子どもたちは「若い先生」が好きです。「若い先生」に担任になってほしいと望んでいます。そんな子どもたちの期待に是が非でも応えてやりたいものです。子どもたちはただただ「若い先生」をそう思って、期待したい気持ちから出てくるのです。

もう一度、先ほどの項目を見直してください。この項目自体の問題はあるでしょうが、一つひとつ自分に当てはめて考えてみるとおもしろいのではないでしょうか。そうすれば、期待される若い教師像がきっとみえてくるはずです。

「若さ」という財産を精いっぱい使ってがんばることが、若手教師に課せられた一番の仕事といえます。

●若いというだけで保護者は心配する

教員採用試験に合格し、正規採用された段上西小学校に赴任したとき、私は二年生の担任になりました。当時、一、二年はクラス替えなしの持ち上がりでした。一年生のときの担任は、とてもしっかりした三十代の女性の先生でした。その先生は保護者からも同僚からも信頼されていたすごい方でした。そんな先生のあとに、若い新任の私が担任することになりました。そりゃ保護者にとったら心配して当然です。訳のわからない新米の男性教師ですものね。

では、その不安をどうやってぬぐっていくのか。

それは、

一に一生懸命、

二に一生懸命、
三、四がなくて、
五に一生懸命

これしかありません。少々授業が下手でも、保護者との対応が少々まずくても、一生懸命さは保護者にも通じるもので、やがて保護者のほうから協力してくれるようになります。ですから、とにかく一生懸命にやるのです。

では、どんなことを一生懸命やるのでしょうか。

例えば、

・休み時間は、とにかく子どもと遊びまくる
・学級通信を、とにかく書く
・連絡帳での親の言葉には、ていねいに返事を書く
・参観日では、汗をかきながら声をからして授業をする
・わからない子がいれば、わかるまで教える

など、というようにすればいいでしょう。

でも、これはできるようでできないものです。学級通信も連絡帳もどうやって書けばいいかわかりませんし、参観日では汗をかくというより、冷や汗をかくものです。このなかで、すぐにできることは「一緒に遊ぶ」と「わかるまで教える」ことぐらいです。

とにかく一生懸命に遊ぶことです。遊びについては第三章でも書いていますが、子どもは一緒に遊ん

でくれる先生を無条件に好きになります。少々授業が下手でも、一緒に遊んでくれる先生の授業は好きなものです。そして家で、「学校楽しい！　先生大好き！」と言います。保護者からみれば少々頼りなくても、子どもが「先生、大好き！」という教師に、親は決して文句は言いません。

もう一つできることは「わかるまで教える」ことです。でも本当に大事なのは、実際に「わかるまで」教えることができるかどうかではなく、教師が「私だけのためにしてくれている」かということなのです。「私だけのため」の先生に、親は決して文句は言いません。

つまり、一人ひとりに声をかけること、かかわることです。「今日も先生は私の机に来てくれた」「今日も先生はボクに話しかけてくれた」「今日も先生はボクの肩を抱いてくれた」——その積み重ねです。教師から一人の子どもをみたら四十分の一かもしれませんが、子どもからみると紛れもなく一分の一です。全体だけをみるのではなく、若さを生かして動いて動いて、一人ひとりに必死にかかわっていくことです。

「若い」からこそ保護者からは心配されますが、「若い」からこそ期待もされます。その期待に応えられるように、一生懸命にしたいものです。

●若いというだけで、許されることもある——自分のクラスだけ……がんばること

ベテランになっても尊敬されない教師とは、「自分のことしか考えていない教師」です。自分さえよければ、自分のクラスさえよければ……と、周りがみえないベテラン教師は尊敬されません。

しかし、若手教師はそうではありません。自分のクラスのことしか目に入らなくても、それは許されることが多いようです。学校内の校務分掌もたいした役目はないし、まだまだみんなの役に立つことはないでしょう。だからこそ、この許される時期に思いきり「自分のクラスだけ」のことをすればいいのです。周りのクラスのことなんか忘れて、自分のクラスの「学級づくり」に専念します。それが若手教師の役目です。

私もこの時期には、思いきり「自分勝手」をさせてもらいました。思う存分クラスづくりをしました。自分のやりたいこと、自分が勉強したいこと、全部やらせてもらいました。周りの先輩教師は、そんな私を「子どもたちが育ってきたね。いい学級経営をしているね。その調子でがんばりなさいよ」といつも励ましてくれました。私は、そのとき、みえないところで先輩がフォローをしてくださっていることも全く知りませんでした。保護者の方々にもずいぶん声をかけていただいていたようです。

新任三年目を過ぎたころから、ようやく周りがみえるようになってきました。そのときにやっと先輩のすごさを実感しました。ベテラン教師とはこうやって若手を育てるのだ、こうやって学年をまとめていくのだということがわかりました。先輩の心の大きさ、視野の広さに敬服しました。そしてそのころから、私は自分のクラスだけでなく、学年も、学校も考えるようになっていきました。

教師の役割にも順番があります。新任教師は、まず自分だけの学級づくりを思う存分すればいいでしょう。そしてだんだんと経験を積みながら、学年全体や学校全体をみられる力量をつけていき、新任教師をフォローし、その力を伸ばしてやります。それが年代別の役割と言えます。

●失敗しても大丈夫、とにかくやってみる

「このごろの若い先生は、優等生過ぎるなあ」という声を聞くことが度々あります。

確かにそうかもしれません。「なんやこいつ、先生にはみえないぞ」という若者はいなくなりましたし、言われたことはしっかりと守り、しっかりこなしていく若手教師が増えました。新任研修も過去に比べるとすごく増え、制度も整いました。なのに現場からは「優等生過ぎる」という言葉が出てきます。何だか矛盾しています。学校としては優等生のほうがいいじゃないかと思うでしょう。でも「失敗してもいいから、もっと思いきってやってほしい」ということです。

「言われたことを忠実に守るほうがいいだろう」「下手にいろいろ言って先輩から叱られるよりは黙って聞いておくほうがましだ」「冒険するより地道にいこう」「先輩には反論しないでおこう」…などと思うことが、結局「このごろの若い先生は……」というような、何かもの足りなさを感じさせてしまうのでしょう。ならば、遠慮せずに思いきりいきましょう。思ったことを素直に言っていけばいいのです。

私が若いときに読んだ本のなかに、こんな言葉がありました。

「失敗を恐れたらダメ、一番恐れなければならないことは、失敗を恐れて何もしないことです。あなたには『若さという財産』があるじゃないですか」

誰の言葉だったかは覚えていませんが、それ以後、悩んだときや迷ったときにはいつもこの言葉を思い出し、がんばってきました。

「宝くじなんかどうせ当たらない」と言って買わない人には絶対に当たりません。当たる確率は低くと

も買わない限り当たりません。それと同じで、いくらいい考えでも、思っているだけでは何も変わりません。とにかく一歩踏み出して、やってみなければ変わらないのです。その一歩を踏み出す教師にぜひなってほしいものですね。

初めからいい先生にならなくてもいい。いっぱいチャレンジして、いっぱい失敗して、いっぱい泣いて笑ってこそ、いい先生になっていくのですから。子どもはそんな前向きな先生を「素敵だな、かっこいいな」とみているのですよ。

●ちょっと生意気ぐらいがちょうどいい――職員会議で反論できる先生に

「このごろの若い先生は優等生過ぎる」の批判のなかには、「職員会議でも『ハイハイ』ばかりではなく、もっと自分の考えを発言したほうがいい」というベテラン教師からの要望も入っています。でも職員会議や授業研究会で「発言しろ」と言われても、新任時代は何を言ったらいいのかわからないのが現状なので仕方ないですが、三年目四年目ともなればどんどん発言していくべきです。だんだんと教師の怠慢もみえてくるころですから、時には先輩教師に向かって自分の意見を戦わす勇気を持ってほしいものです。人間誰しも慣れてくると「まあいいか、まあこんなものや」と現状を保とうとしてしまいがちです。やっかいなことやめんどうなことは避けていこうとしがちです。

授業研究会で、たいした授業でもなかったのに、

「今日の授業、ご苦労様でした。とってもいい授業で勉強になりました」とベテランの○○先生が発言

したときのことです。私は、「○○先生にお聞きしたいのですが、今日の授業のどこがいい授業だったのですか？　私にはいい授業にはみえませんでした。限られた子だけが発言していましたし、ほとんどの子は黙ってうつむいていました」と言ったことがありました。

そんなことを言われた○○先生の面目は丸つぶれです。急に機嫌が悪くなってしまいました。○○先生にしてみれば、たいした授業ではなかったことは百も承知です。ただあまり言うと授業者を傷つけるから、当たり障りのないことを言っただけでした。

職員会議でのことです。

校長「運動場の平均台で怪我をした子がいたので、もう平均台では遊ばせないでください」

私「なぜですか」

校長「子どもの安全のためです」

私「子どもの安全のためなら、むしろもっと遊ばせて平衡感覚を伸ばしてやることが大事だと思います」

校長「子どもの安全が第一です。怪我をしたら大変です」

私「怪我をして大変なのは、もしかしたら子どもじゃなく校長先生自身じゃないですか。子どもの安全ではなく、（今年一年で退職を迎える）校長先生自身の安全を守ろうとしているのではありませんか」

職員会議のあと、私は教頭先生に呼ばれ、こっぴどく叱られました。でもそれがきっかけで、学校では「子どもの安全」とはどういうことかを論議するようになりました。

私の反論の内容がいいかどうかは別として、発言するとその中身がわかっていくようになるのは確かです。発言するからこそ授業のことも考え、子どもの安全についても真剣に考えるようになります。そして学校全体に活気が生まれるのも確かです。若い先生はちょっと生意気ぐらいがちょうどいいのです。

●苦手な教科こそ、実は得意になれる可能性がある

スポーツの世界では、よく「名選手、名監督にあらず」ということが言われます。もちろん名選手のなかにも名監督になった人はたくさんいますが、その監督も最初は指導に戸惑うそうです。自分が簡単にできたことを選手ができないと、「なぜこんなことができないのだ」とイライラし、壁にぶち当たるといいます。つまり、できない人の気持ちがわからずに指導にあたっているということでしょう。

その点、補欠だった選手のほうが、指導者としてはうまく教えられるということでしょう。私の場合もそうでした。私は体育と社会が得意でしたので、指導も簡単だと思っていましたが、なかなかうまくいかずに一番悩んだ教科でした。「なぜできないんだ」「なぜ覚えられないんだ」と、しょっちゅう思っていました。

私は音楽が大の苦手でした。もちろんピアノは弾けないし、歌は下手だし、どうしようもありません。「それでよく大学の単位が取れたな」と言われますが、大学では「お馬の親子」だけを必死で弾いたら

「みてください、この口を！」。歌声あふれる僕らの学級（1980年、新任２年目のころ）

教授はＯＫを出してくれ、採用試験ではバイエルの課題曲だけを必死で練習して（楽譜は読めないので、聞いて覚えていきました）、何とか切り抜けてきました。

そんな訳で、教師になった一年目は三年生担任で、教室のオルガンを少し弾きながら歌を歌わせていましたが、全くうまく指導できずに、子どもたちは音楽が嫌いになっていきました。ですから、早く高学年を担任して、音楽は音楽専科に任せたいといつも思っていました。

そんな私が、なんと二年目に苦手な音楽指導に取り組むことになりました。それは希望に燃えていたというより、開き直りでした。これから何十年と小学校教師を続けていくのだからこのままではいけないと、仕方なしに始めました。音楽の授業の前日には、音楽専科の先生に何度も何度も教えてもらいに行き、それをがむしゃらに実践していきました。

するとどうでしょう。なんと歌がとてもうまいク

歌声あふれる僕らの学級

西宮市立段上西小学校２年２組の44人

朝は「おはよう元気で」の歌を！

“あいさつ”がわりで、みんな声いっぱい

西宮市立段上西小学校の二年二組（44人）には、歌声が絶えない。朝は、あいさつがわりの「おはよう、元気で」という歌ではじまる。

二年二組クラスの歌は「両手を高く」。これは、担任の仲島正教教諭（24歳）が、昨年度、臨時教員として赴任していた今津小学校から、せん別の一つとしてもらってきたもの。この歌をつくった子どもたちは、現在すでに高校生。クラスの歌として“復活”すると聞いて、快諾してくれたんだそうだ。二年二組では、参観日のあと、父兄も声をそろえて歌うことになっている。

仲島先生が発奮してガゼン取り組んだので

ところで、仲島先生は、ついこのあいだまで、歌は大のニガ手。早く高学年担当になって音楽専科の先生にまかせたい……と思っていた。しかし「これでは教師として失格ではないか？教師が消極的で、どうして子どもが積極的になれるのか」と、ガゼン取り組みはじめたわけだ。

あちこちの本を参考にしたり音楽の先生に教わったり……。そこで、まず①地声・大声の追放から始め、弱い声、頭声とすすんだ、②共鳴させるために、本をメガホンのようにまるめて“エントツ式”で練習。たまには、よく響くかもしれないと階段でもやった、③アゴをひき、頭の上から声を出す“インディアン式発声”の練習、④こころをひとつにしてうたうように—と指導していった。

そして、1カ月ほど前、アンケートをとったら—。歌が大好き27人。好き10人。ふつう7人。きらい0人。大きらい1人。このうち、二年生になってから好きになったのが24人だった。大きらいと答えた子どもは、クラスでも目立った美声の持ち主で「最近、声の調子が悪くなったので…」という理由だった。

クラスの歌は「両手を高く」

参観日には父兄もいっしょに歌います

谷岡しげき君は、こんな作文を書いた。

＜二年生で歌をうたうようになってから、一年生のときとはすごく差がつきました。やっぱし歌うこころが大事だなぁと思います。ぼくは、いつも歌うこころは、やさしいこころの奥へしまっておきます。そして音楽の時間になると、そっと出します＞

東せつ子ちゃんは＜歌をうたうとき、私はまず最初にこころをしずませて、ほかのことは忘れます。それからうたいます＞

仲島先生は、「みんな自信を持ってくれているようです。教師の気持ちが子どもたちにそのまま伝わるんですねぇ」と、あらためて驚いていた。

『アサヒファミリー』昭和55（1980）年10月31日掲載

ラスになったのです。口を大きく開けて一生懸命に歌うし、その声はとても美しくなりました。音楽専科の先生も大変驚かれました。

なぜそんなにうまくなったのか——それはもちろん音楽専科の先生の助言のおかげですが、私自身の言動にもその要因はあったと思います。当時の私は全く音楽の素人ですから、子どもが一生懸命に歌うことや、高い声が出てきたことに、「うまいなあ」「上手やなあ」「本当にきれいな声や」「すごい二年生や」と賞賛ばかりしていました。それはおべんちゃらではなく、本心そのものでした。うまくなる様子に心の底から感動していたのです。自分が下手だからこそ、苦手だからこそ、少しの伸びにも素直に感動できたのだと思います。

自分が苦手だった教科こそ、実は得意になる可能性が十分にあるということです。

●アホな先生になろう

「アホ」という表現は、関西地方の独特の言い回しです。このところ関西芸人の東京進出が珍しくはなくなったので、全国放送で関西弁（大阪弁）もよく耳にするようになりました。関西地方では、アホという表現は「バカ」とは違い、けっこう親しみを持って言ったりします。

ある年の始業式の日、四年生担任の私は教室でこんなことを子どもたちに言いました。

「みんなでアホなクラスにしよう」

そして続けて、

「さあ、アホになるために、まずはみんなで踊ろう！」

するとほとんどの子は、今度の先生は何を言い出すんや、変な先生や、ほんまアホな先生や、という雰囲気になりました。しかし、子どもたちのなかには優しい子もいて、先生一人じゃかわいそうやからと言って、前に出て私と一緒に踊ってくれる子がいました。その数四人。それから一週間が経ちました。「さあアホになって踊ろう」と言うと、今度は十一人が踊ってくれました。そして一ヵ月後にはなんとクラス全員が踊っていました。

「先生、アホになって踊るのは、けっこうおもしろいなあ」

と言ってくれるようになりました。

全員がアホになったとき、クラスはどう変わっていたでしょう。実は授業中の様子に変化が出てきていたのです。いままで算数の時間には、私がそばを通るとノートを手で少し隠そうとしました。友だちが横をみると、「みるな」と言っていました。ところがアホになってからは、私が横を通ると「先生、教えて」と遠慮せずに言うようになり、隣の友だちには「この分数の解き方教えて」と言うようになりました。

つまりアホになることによって、自分の殻を破り、自分を解放していったのです。「分数ができないとかっこ悪い」と思い込んでいた子が、「オレ、分数わからんから教えてよ」と友だちに言えるようになり、「そのかわりにオレが鉄棒教えたる」という関係も生まれていったのです。

子どもたちは学年が進むにつれてだんだんと殻をかぶるようになっていきます。その殻を破り、心を解放してやることによって、子どもたちはまた伸び伸びと自分の力を発揮していきます。そのためには、まずは教師が殻を破って心を解放してみることが大事です。私もアホになって踊るのは、最初は恥ずかしくていやでした。でも思いきって踊り出すと、自分も変わっていきます。教師が楽しそうに心を解放すると、子どもたちも安心して心を解放するようになるのです。

どんなアホになるかは、各先生方にお任せです。でもアホになって思いっきり子どもとぶつかっていくと、きっとおもしろいものがみえてきますよ。

●イチロー（マリナーズ）の言葉

テレビ番組のインタビューで、大リーグ・シアトルマリナーズのイチロー選手がこんなことを話していました。

「三十歳になると体がかたくなるので気をつけなければならないのですが、もっと気をつけなければならないことは、心がかたくなることです」

ここ十年ほどで「学級崩壊」という言葉が盛んに言われるようになりましたが、学級崩壊が起こるのは、若い未熟な教師のクラスばかりではなく、ベテラン教師のクラスでも頻繁に起こっています。その原因はいろいろ絡み合っているので、これとは限定はできませんが、なかにはベテランの教師が「私はこれまでこの方法でうまくできてきたのに、今年はうまくいかなかった。学級崩壊の原因は最近の子どもや家庭状況のせいだ」と言うことがあります。

確かに子どもの様子や家庭状況は変わってきたでしょう。でもその変わった状況があれば、自分の指導方法も変えるのがプロの教師というものです。

若いときにあんなに柔軟に考えられていたことが、だんだんと凝り固まっていきます。そしてその形に満足してしまいます。これでは教師としての進歩はありません。

イチロー選手はデビュー当時、「振り子打法」で年間二百本安打を打ちました。それ以後日本では首位打者を取り続け、大リーグに行っても大活躍しています。いまの彼はもう当時の「振り子打法」ではありません。あれから十年以上経ちますが、常に進化しているのがイチロー選手です。そんなイチロー選手をぜひ見習いたいものです。

忘れられない思い出②

私の担任はこの子たち

第一章「三月、子どもとの別れ、そして感動」（16ページ参照）の続編です。

四月の離任式のあとに涙の別れをして、次の学校に赴任しました。新しいクラスの新しい子どもたちとまた新鮮な出会いをして楽しく過ごしていましたが、やはり一年目の印象は強く、時々思い出しては胸がキュッとなっていました。

五月上旬のある日、出張で前の学校に行くことになり、ウキウキしていました。前の学校に着いて運動場を眺めると、あの子たちが体育をしているではありませんか。懐かしくて懐かしくてずっとその様子を運動場の端から眺めていました。子どもたちはそんな私には気づかずに楽しく体育をやっているようでした。それからまもなくチャイムが鳴り、終わりの合図を先生がしました。と同時に子どもたちは運動場の隅にいた私めがけて全力疾走してきました。そして全員があのときのように私を取り囲んで「先生！」と言ってくれたのです。突然の出来事に、我慢しきれずにまた涙をボロボロ落としてしまいました

翌日、漢字の練習を子どもたちにさせながら、机に座り、ぼおっと窓の外を見つめていました。すると一人の女の子がツカツカとやってきて、窓をパシッと閉め、「先生、何ぼおっとしているの」と言いました。そのとき、私は我に返りました。

「そうなんや。いまの私の子どもたちはここにいるこの子たちなんだ。いつまでも前の子どもたちのことを考えていたら駄目なんだ。ごめん」

その日から、私はやっとこのクラスの担任になれました。窓を閉めてくれた東《ひがし》さん、ありがとう。

第3章

「出会い」のすすめ

——「出会い」、それは成長

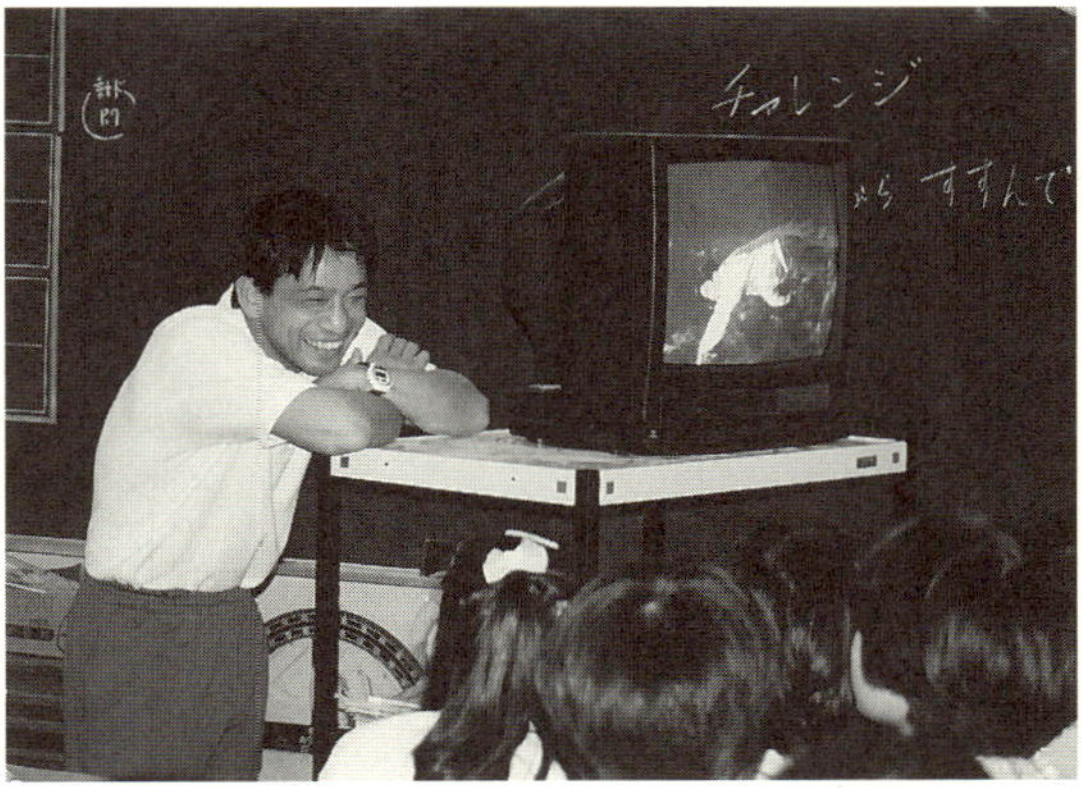

いままでに数多くの
「出会い」があったことでしょう。
そのなかには、いい出会いも、
辛い出会いもあったかもしれません。
「出会い」とは、
自分に気づき、他者に気づき、
社会に気づくことです。
人はそうやって「出会う」ことによって
成長していくものです。
教師としての成長も
この「出会い」から始まります。

●出会いはいいスタートにつながる

教師にとって、四月はなんとなくワクワクドキドキする月です。それは新しい出会いの季節だからです。「今度のクラスの子どもたちはどんな子どもたちだろう」「どんな親と出会えるだろう」「この一年間どんなふうに学級をつくっていこうかな」など、次から次へと思いが膨らんできます。

それは子どもたちにとっても同じことです。「今度の先生はどんな先生だろう」「何組になるのかな。友だちはいるかな」と、期待と不安が入り混じったワクワクドキドキです。

だからこそ、いい出会いがあれば、いいスタートが切りやすいものです。そんないい出会いをするためのアイデアをいくつか紹介していきます。

●子どもを惹きつける着任式での出会い
――「この先生に担任になってほしい！」。そう思わせる出会いを

初めて教師になって赴任した学校での着任式、または転勤した学校での着任式をどうするか。子ども

たちは、「今度の先生はどんな先生だろうか」と興味津々です。

「いま、校長先生に紹介していただいた仲島です。どうぞよろしくお願いします。…今朝この学校に来て、とてもうれしいことがありました。それはみなさんが元気よく『おはようございます』ってあいさつしてくれたことです。今日から私もみなさんと同じ○○小学校の一人になりました。一緒に勉強したり、遊んだりしましょう」

このようなあいさつは定番中の定番です。これでは「この先生が担任になってほしい！」とは特に思わないでしょう。もちろん姿をみて、「いいなあ」とか「あんまりやなあ」と思うでしょうが、あいさつにもっとインパクトがほしいものです。「今度の新しい先生のクラスになりたい！」と、子どもに思われるようなあいさつをしてほしいものです。

例えば、私はこんなあいさつをしました。

「いま、紹介していただいた仲島です。仲島の『なか』は、こんな『なか』です（画用紙に大きく書いた「仲」をみせる）。じまは『島』です（同じく「島」をみせる）。仲は仲よしの仲、島は淡路島の島です。つまり『仲よくしましょう』の仲島先生です。先生と仲よくしたい人は、今日の休み時間、体育館前に集まってください。一緒に遊びましょう」

画用紙を出しながら紹介すれば名前も漢字も覚えてくれるし、休み時間には体育館前にいっぱいの子どもがやってくるはずです。そして鬼ごっこをすれば、もう一躍その学校で有名人になってしまうでしょう。また、子どもは家に帰ったら一番に「担任は仲島先生！」と元気よくお母さんやお父さんに報告することと間違いなしです。

ほかにもこんな着任式でのあいさつがあります。私が二十代後半に転勤したとき、こんなあいさつをしました。

「先生の名前は『元気者の仲島先生』と言います。元気者の仲島先生はどんなふうに元気かというと……」と言ってから、朝礼台の上で、思いっきりジャンプしました。それも開脚ジャンプですから、朝礼台の高さプラス開脚ジャンプで、下からみている子どもたちは「ウオー」と大きな声を出しました。「こんな『元気者の仲島先生』です。もう一つ、先生には得意なものがあります。それは『かけっこ』です。先生と勝負したい人は、二時間目が終わったあと、この朝礼台のところに来てください。元気者の仲島先生と走りの勝負をしましょう」

さて、休み時間はどうなったでしょう。もう来るわ来るわ。一年生から六年生まで、たくさんの子どもたちとかけっこが始まりました。これだけで「仲島先生、大好き！」と言ってもらえるのです。

三十代になってからの着任式では、調子に乗ってこんなことをやりました。

「先生の名前は『ちょっと元気な仲島先生』と言います。前の学校では『元気者の仲島先生』でしたが、少しトシをとったので、『ちょっと元気な仲島先生』になりました。『ちょっと元気』っていうのはこんな感じです」と言って、おもむろにスーツのポケットから縄跳びの縄を出し、朝礼台の上で、ビュンビュンビューンと音を鳴らしながら跳びました。それも普通の二重跳びではなく、ヘリコプターという変わった技（音が鳴りやすい）をしてみせるのです。跳ぶことほんの十秒ほどですが、その瞬間子どもたちはびっくりして口を開けながらみています。終わった瞬間、大きなどよめきが起こります。「『ちょっと元気な仲島先生』でした。よろしくお願いします」

こう言って、さっさと朝礼台から降りていきます。でもどよめきはしばらく続いたままでした（このあとにあいさつにあがった先生はやりにくかったでしょうね。ごめんなさい）。

このあと、廊下で出会う子どもたちは口々に「あ、ちょっと元気な仲島先生や」と言ってくれます。「仲島先生」ではなく「ちょっと元気な仲島先生」です。でも時々「ちょっと元気な仲島先生」と誰かが言うと、「違う！　むちゃ元気な仲島先生や」と言い直してくれる子も出てきました（もちろん「縄跳び教えて」と言う子もたくさんやってくるのですが……）。

また、私は校内放送でも連絡事項のあとに必ず「ちょっと元気な仲島先生からのお知らせでした」と付け加えるようにしました。こんな言い方をすると、クラスの子どもだけでなく全校の子どもたちからいっぺんに覚えてもらえます。

着任式でこんなあいさつがあって、そのあとに「三年三組仲島先生」と担任発表があると、子どもたちの「ヤッター！」の声が響き渡ります。「あの『ちょっと元気な仲島先生』のクラスや！」と大喜びです。そして教室に入ると、子どもたちは満面の笑顔で私を迎えてくれます。

こんな出会いでスタートできると、これは最初からプラスαになりますね。そんなインパクトのある着任あいさつをするといいでしょう。

●教室での出会い――ここで、ボクはがんばれそうだ。よし、やるぞ！

四月始業式、教室に入って子どもがどんなことを思うかによって、翌日からの意欲は大きく変わります。

同じ校舎、同じ教室でも、毎年毎学期の始業式に子どもたちが教室に入るときの気持ちはきっと違うものです。「去年のように今年もがんばろう」と思う子もいれば、「去年がんばれなかったので、今年こそはがんばろう」と新たな思いで教室に入ってくる子もいるはずです。昨年の先生にはたくさん怒られたけど、今度の先生にはいいところをみせたいと思いながら入ってくる子もいるはずです。

だからこそ、教室に入る第一歩を「わあー」「すごい」「へえ」「よーし」というように、「おもしろそうだ」「今度はがんばれそうだ」と思わせる何かを仕組んでおきたいものです。

例えば、教室に入ると、なかはとてもきれいで、机も床もぴかぴかに掃除がしてあって、黒板には何か書いてある。何が書いてあるのかと読んでみると、そこにはクラス全員の名前と先生からのひと言が書いてある。A君のところには「君と五十メートルの競走をしよう」と書いてあるし、Bさんのところには「いつも給食委員さんの仕事をありがとう」、Cさんのところには「妹の面倒をよくみる優しいCさん」と、それぞれの子どものことがひと言ずつ書かれています。

それをみた子どもたちは、やはりうれしいものです。「この先生、私のことわかってくれている」「この先生とがんばりたい」「この先生、好き！」と思います。

でも初めての学校で、子どもたちの様子や特長が何もわからないときは、どうしたらいいでしょう。そのときは名前を書くだけでもいいし、その下に「○○○な子かな？」と付け加えておくといいでしょう。すると「とっても元気な子かな」と書かれた子どもは、必ず先生に話しかけてきます。「先生はなぜボクが元気だとわかったの？」と聞いてきたり、反対に「先生、私ってあんまり元気じゃないんだよ」などと言いにきます。でもいいのです、そのときは「じゃ、先生と一緒に元気になろうね、○○さん」と話してやります。こうやって子どもとつながっていくと、いいスタートが切れるはずです。

翌日の黒板には、

「おはよう、今日からがんばろうね。ではまず机のなかに今日の勉強の用意を入れておきましょう。それができたら、窓から運動場をのぞいてごらん」と書いておきます。子どもが窓からのぞくと、運動場には担任の先生がいます。

そして先生は、大きく手を振って、

「おはよう！　外に出ておいで、一緒に遊ぼう！」と声をかけてやります。声をかけられた子どもは、一目散に運動場に跳び出していくことでしょう。

●先入観を持たない出会いを！

新学期の初め、学級担任になると、必ず前の学年の先生から引き継ぎ事項の連絡があります。それは学習状況や生活状況の引き継ぎばかりではなく、家庭的なことや生徒指導的なことも含んでいます。この子は親が離婚して単親家庭（母子家庭、父子家庭）だとか、万引きなどの補導歴があるというような引き継ぎも行われます。これらの引き継ぎ事項はこれからの指導上欠かせないことではありますが、それを子どもの前で絶対に顔に出してはいけません。

ある若い先生が、始業式の日に一人の男の子に、

「今年はがんばろうな」

と、ひと言声をかけました。それまで笑顔だったその男の子は、途端に「くそーっ」と顔が曇りました。若い先生は笑顔で声をかけましたが、男の子には「今年は……」の「は」がひっかかったのです。「ああ、この先生は万引きのことを知っているんだな」と直感しました。せっかく新しい学年、新しい学級、新しい先生でがんばろうと思っていた彼はこのひと言でいっぺんにやる気を失ってしまいました。新しい状況や厳しい状況に置かれている子の直感は本当に鋭いものがあります。一瞬にしてこの先生は味方か敵かを判断する能力がついています。

時には、担任が出席をとりながら「この子が暴力事件を起こした子か」と頭のなかで思っただけで、「この先生はオレを悪くみている」と鋭く見抜かれてしまいます。

引き継ぎ事項があったにしても、教師は真っ白な状態で子どもに出会ってほしいと思います。もしか

したら、前担任と自分ではその子の見方が変わってくる可能性も十分にあるからです。

●担任の主張が出る出会いを！

子どもたちは、初めて出会う担任がどんな先生かを早く知りたいものです。「優しいのかな」「怖いのかな」「おもしろいのかな」「宿題はたくさん出すのかな」と、早く知りたいものです。

そこで、子どもたちは仕掛けてきます。先生が話しているときに、隣の友だちとおしゃべりをすると、先生はどんな反応を示すのか試してきます。宿題を忘れたらどんな叱り方をするのだろう、掃除は、給食は…と、さまざまな場面で繰り返されます。四月はそのお試し期間です。

ある年、三年生の担任になり、私が始業式のあと教室で話をしたときに、一人の男の子が、発言した女の子を冷やかしました。その途端、私は猛烈に叱りました。男の子の顔は急にこわばりました。教室の雰囲気も一変し、重たい空気になりました。そしてそのあと、冷やかすことがいけないこと、そんな行為は許さないということをはっきりと子どもたちに話しました。

このときは、ちょっぴり強烈な出会いになってしまいましたが、この先生は何が好きで何が嫌いかをはっきり示してやることはとても大事だと思います。

●保護者との出会い――始業式の連絡帳はとても大事！

新任の時代には、初めは子どもオンリーで保護者のことはあまり考えていません。それは仕方のないことですが、子どもを育てるためにはやはり保護者との協力や連携は欠かせません。だからこそ、保護者ともいい出会いをしたいものです。

始業式は、子どもにとってもいいスタートを切りたいときですが、同時に保護者も「今度の担任は誰だろう？」「今度の担任は、当たり？　はずれ？」と気になっています。特に若い教師だと表向きは「かっこいい先生よ」と喜んでいても、「若い先生は頼りないのでは……」と思っていることも確かです。

そこで、どうするか？

始業式での保護者との出会いは、まず連絡帳です。慣れた保護者なら、「どうぞよろしくお願いします」ぐらいは連絡帳に書いています。そのときに、担任が「みました」のハンコ一つで返すと、保護者は「今度の担任はダメ」と烙印を押してしまいます。

そこでハンコだけでなく、担任からも「こちらこそどうぞよろしくお願いします」と書けば一応及第点をもらえるでしょう。さらにもうひと言、「連絡帳ありがとうございました。私もがんばりますので、今後ともどうかご協力のほどよろしくお願いします。何かありましたら、何でもお教えください」というように書くと、「今度の先生はていねいだ。協力してあげよう」という気持ちになってもらえるものです。

そして連絡帳を書いてきた保護者だけでなく、全保護者の連絡帳にひと言書けば、効果はもっとあがります。私はいつも始業式の日には、必ず全員の連絡帳にひと言書いていました。「始業式の日のいつ書くの？」「そんな時間はあるの？」と聞かれそうですが、確かに時間はありません。でもその隙間をねらって書くのです。私の場合は、教科書を配ったあと、子どもたちに名前を書かせてから、しばらくの間教科書を自由に読ませていました。このわずかな時間に三十五冊の連絡帳にひと言入れました。

私は自分の顔のハンコ（絵と吹き出しスペースの入ったもの）を持っていましたので、それを押して吹き出しに「担任の仲島です。よろしくお願いします」と書いておくだけでしたが、翌日はほぼ全員の保護者から「こちらこそよろしくお願いします」と返事が戻っていました。ハンコがないときはプリクラに行って三十五枚分の写真を用意して、それを貼ったこともありました（このときはプリクラブームだったので、返事にもたくさんプリクラが貼ってありました）。

たかがひと言の出会いですが、のちのち大きく影響が出てきます。変な言い方ですが、保護者を味方につけると、学級づくりはまずうまくいきます。

●目標の先生との出会い――あんな先生になりたい。その憧れが自分を成長させる

新任五年目までぐらいに、ぜひ自分の目標となる先生と出会ってほしいものです。「あんな先生になりたい」「あの先生のような授業をしたい」。そういう目標、そういう師ができると、力はぐんぐん伸びていきます。

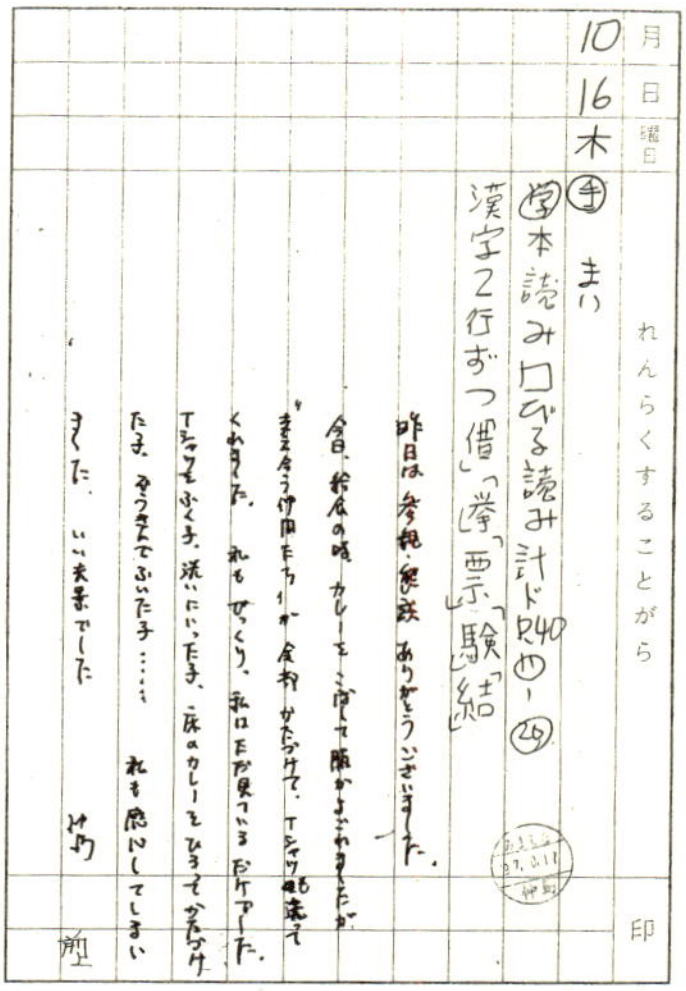

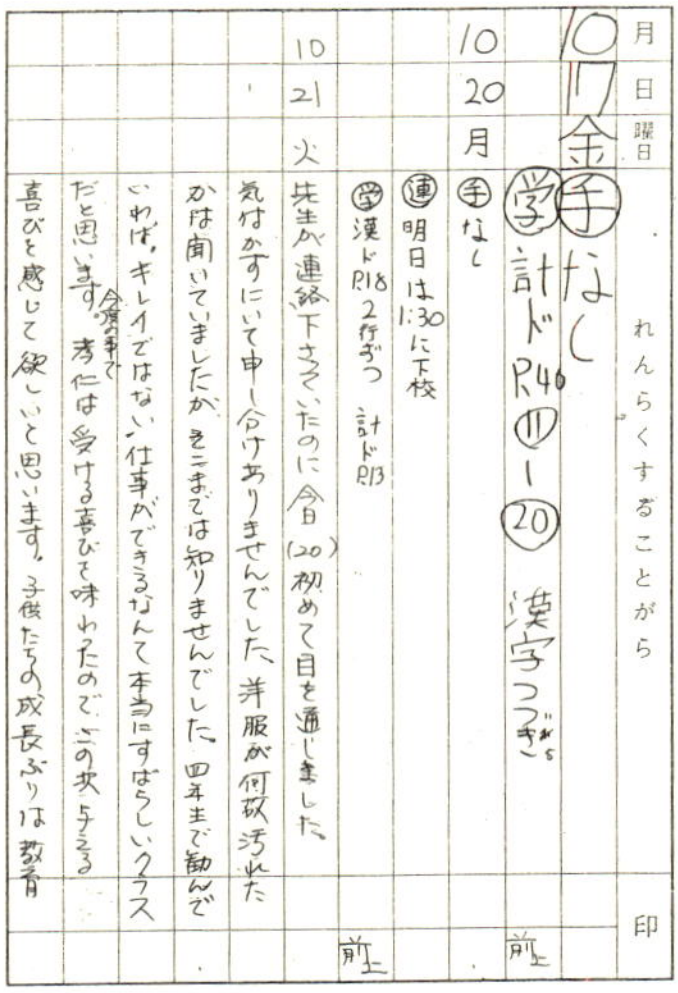

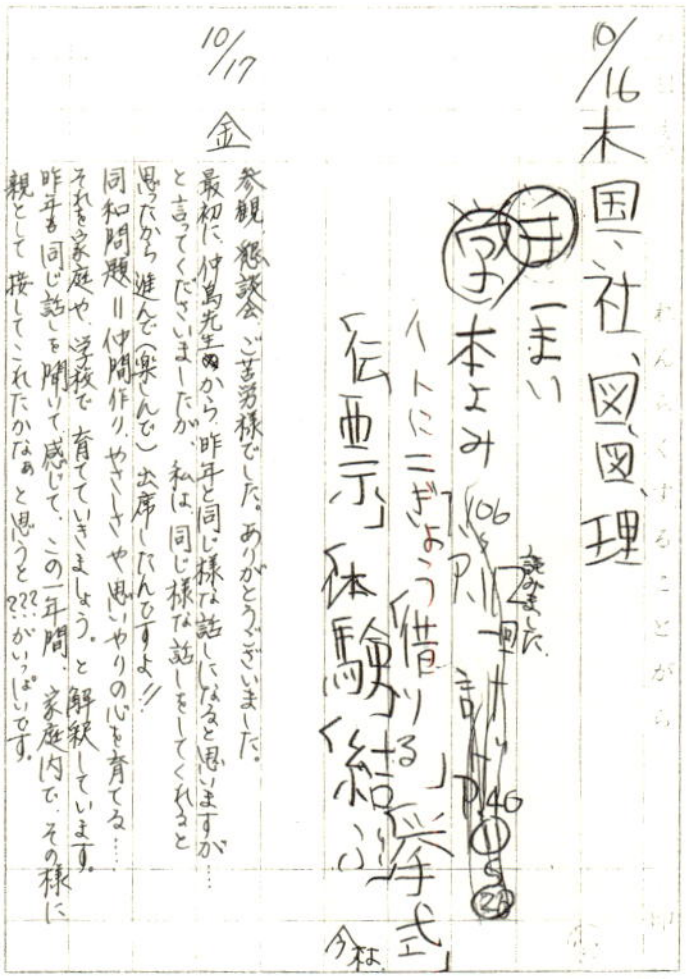

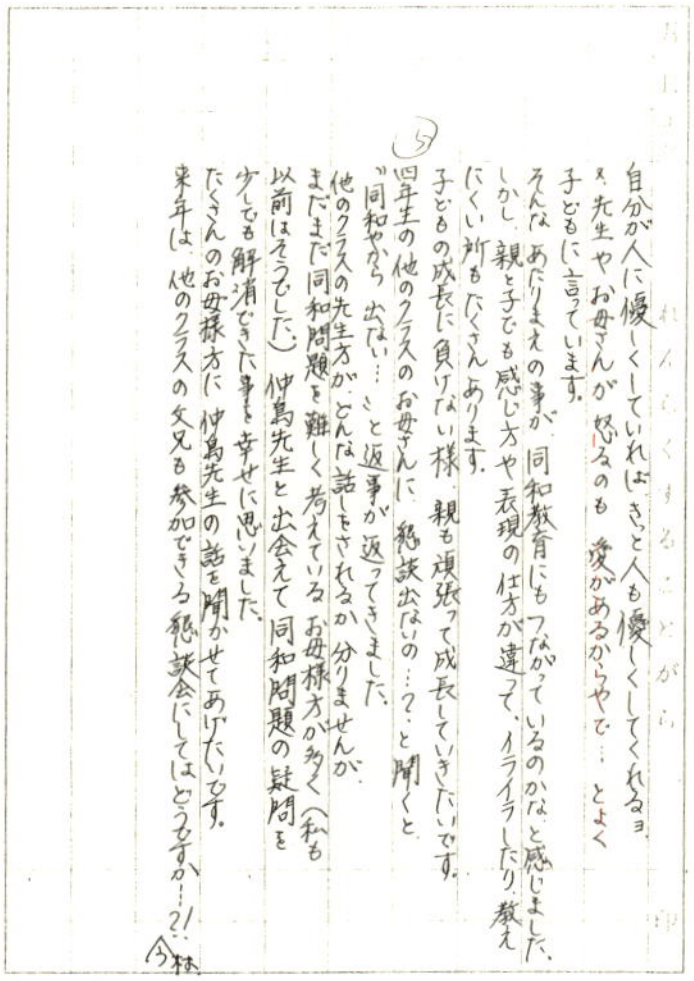

連絡帳は連絡事項を書くだけではなく、学校と家庭を結ぶホットライン

ではどうやってそんな先生と出会うのでしょうか。

まずは、自分の学校で一番いいなあと思う先生を探します。職員室や休み時間の先生の様子、研究授業での先生の授業、研究会での先生の発言、また飲み会での先生の姿から、だんだんと「この先生」とわかってくると思います。そして、その先生からいろいろ教えてもらいます。そのうちにその先生が自分の学校以外の「いい先生」を教えてくれます。全国的に有名な先生も教えてもらえるでしょう。そうなれば、今度は自分の足でそれを確かめに行きましょう。

私の「あんな先生になりたい」の出会いは、この流れでした。自分の学校のなかで憧れていた先生が、あるとき「今度淡路島で体育の研究発表会があるけど、そのときに講演をする奈良の土谷正規先生の話は聞いておくほうがいいぞ」と言われたのです。私は淡路島に行き、心が震えるほど感動する土谷正規先生の話に出会いました。

「これこそが私の思っていたことだ。この先生に教えてほしい！」と強く強く感じました。土谷先生は元奈良女子大附属小学校副校長で、「土谷の体育」として関西では有名な先生でした。当然そんな有名な先生に、名もない私のような一教師が話すことはできません。その日以来「土谷先生に会いたい」と思いつつ、何もできずにモヤモヤしながら、あっという間に一年が経ちました。

片想いを続けていると、いつかダメもとで告白したくなるのと同じように、土谷先生への思いが断ち切れずに、一年後、思いきって手紙を書きました。

すると、すぐに返事が来ました。私は天へも昇った気持ちでその手紙を開くと、なんと便箋が十枚もあるではありませんか。そして最後に「一度奈良に来ませんか」とお誘いの言葉がありました。さっそく奈良に行き、それ以降二十年近くにわたって奈良に通うようになりました。

●授業との出会い――こんな授業をしてみたい。私が出会った二つの授業

目標の先生に出会うということは、イコール目標の授業に出会うということでもあります。あんな授業をしてみたいという目標があるからこそ、自分の授業力は伸びていきます。そんな授業に出会うためには、とにかくみに行くことです。自分の目でみて確かめるのです。

土谷正規先生との出会いは、同時に「奈良の学習法」との出会いでもありました。「奈良の学習法」とは、奈良女子大附属小学校（昔の奈良女高師附属小学校）が大正、昭和、平成と長年にわたって実践してきた教育で、その神髄は一九二二年当時奈良女高師附属小学校主事だった木下竹次氏の言葉に集約されています。

「学習即ち生活であり、生活直ちに学習となる。日常一切の生活、自律して学習する処、私共はここに立つ。他律的に没人間的に方便化せられた教師本位の教育から脱して、如何に学習すべきか。如何にして人たり人たらしめ得るか。そのよき指導こそ教師の使命である。自律、真摯、教師の伸びることによって子どもも伸び、子どもの伸びることによって教師も伸びる」

岩井邦夫先生の授業を参考にして行った著者の「忍者体育」の子どもたち

そんな「奈良の学習法」を、戦後実践してきた土谷先生はこんな言葉を私たちに教えてくださいました。

「子どもの躍動を望むなら、教えないことです。教師が指示・教示をして子どもたちが『できた』と喜んでいる姿は躍動ではありません。指導の半分は、がまんして待つことです。あと半分はグループにとびこむことです。」

では、その実際の授業とはどんな様子だったのでしょうか。土谷先生の言う「子どもの躍動を望むなら教えない」学習とは、いったいどのような授業なのか、それがどうしても知りたくなりました。

当時、すでに土谷先生は奈良女子大附属小学校を退官していましたが、その後継者として附属小学校には岩井邦夫先生が勤めており、土谷先生から「岩井邦夫氏の授業をみなさい」とすすめられました。

この出会いは衝撃の授業となりました。昭和五十八（一九八三）年六月のことです。岩井学級の子どもたちが体育館で段ボール箱を使って忍者ごっこの体育学習を展開していましたが、「次はこれをしなさい。ここに手をついて回りなさい」というような、従来からある「教える指導」ではありませんでした。子ども一人ひとりが自分なりの動きを必死で創り出し、それを先生が紹介し、みんなに広げていました。子どもたちは、あたかも休み時間のような喜々とした表情で体育の学習に取り組んでいました。教師はそんな子どもたちの間を駆け回り、一人ひとりと何やら話し、また次の子へと移動していきます。そして集合がかかると子どもたちはあっという間に集まり、友だちの話を聞きます。

私はあっけにとられ、言葉が出ませんでした。私にとって体育の授業はもちろんのこと、教師は「教える」のが仕事と思っていましたが、岩井先生は「教えない」のです。

岩井先生は、

「子どもは自ら学ぶ力を持っている。学習というものは教師が力ずくで教授するものではない。あくまで子ども自らが進んで自分の学習に取り組み、学習の仕方を工夫し、学習する力を身につけ、自分の力で自分の道を力強く歩んでいくことができるようにすることである」

と話されました。

この「奈良の学習法」「土谷の体育」に、次第にはまっていくことになりました。

もう一つ衝撃的な授業との出会いがありました。

それは、静岡市立安東小学校の研究会でみた築地久子先生の四年生の社会科の授業でした。とにかく型破りというか、「こんな授業みたことない」のです。

研究会なのに、チャイムが鳴っても築地先生は登場しません。でも子どもたちは自分たちで授業を始めていました。知らないうちにどんどん子どもたちは意見を言い合い、前に出て説明したり、その子のそばに行って話したり、子どもたちは教室中を勝手に移動しながら学習を進めています。すると知らないうちに筑地先生が登場し、ひと言何かを言うと、また論議が始まります。それは一ヵ所だけではなく、二ヵ所三ヵ所で話し合いが始まりました。築地先生はそんな子どもたちのなかを歩き回りながら話しかけ、メモをとっていました。そして知らないうちに授業は終わっていました。

実は研究会の前日に、ほかの先生から「築地学級の授業は参観者が多いから、早く教室に行かないとみられないよ」という助言を受けていたので、公開授業は二時間目でしたが、朝の会から教室に行きました。「こんなに早ければ大丈夫だろう」と思っていましたが、なんとその時点で教室内はほぼ参観者でいっぱいになっていました。

そこからがまたびっくりしました。朝の会を自分たちでするのはわかるとして、一時間目の自習の時間をみて驚いてしまいました。それは自習ではないのです。先生はいないのに、普通に授業が行われていました。子どもたちだけでどんどん議論し、板書も自分たちで行い、学習を進めていたのです。こんな授業はいままでみたことがありませんでした。その後、私は静岡にも何度か通うことになりました。

この二つの授業が、私にとっての生涯の目標の授業となったのです。

●こんな出会い、あんな出会い——がんばれば出会いが増える

出会いとは本当に不思議なものです。あのとき、こんなことをしたから出会えた、あのとき、右に曲がっていなければ、この出会いはなかった…。そんなことは人生にはよくあることかもしれません。

でもそんな「偶然の出会い」というのは、もしかすると「必然の出会い」なのかもしれません。私は「がんばるから、そんな出会いがある」と思っています。

例えば、前述した目標の先生との出会いも、私の一生懸命な姿をみた先輩から『土谷の体育』をみてきなさい」と言われたことがきっかけとなりました。そして土谷正規先生と出会い、土谷先生から岩井邦夫先生を紹介していただきました。岩井先生と出会うことによって、岩井先生の知り合いの中谷要先生が、私の実践を「全国小学校体育科教育研究連盟」に推薦してくださり、それを全国大会で発表し、今度は岩井先生に奈良女子大附属小学校の学習研究発表会で発表させていただきました。その発表を知った小林篤兵庫教育大学教授が今度は兵庫教育大学での特別講義に招いてくださり、小林教授の紹介で大修館書店の『体育科教育』に掲載されるようになったのです。そしてそのことが結局本書の発刊につながっていくことになりました。とても不思議な出会いであり、不思議なつながりになっていったのです。

この「出会いとつながり」は、何もしないでいると絶対になかったと思います。自分のがんばりがこの「出会いとつながり」を呼んできたのだと思います。

よく食べに行っていたラーメン屋さんの壁には「一生懸命にすることだ。一生懸命にすると必ず誰か

が応援してくれる」という言葉が書いてありました。

さあ、みなさん、いっぱいがんばって、いっぱいいい出会いをしてください。

●「めあて」との出会い――個人のめあての持たせ方

先生というのは、すぐに「めあてを書きなさい」とか「目標を持ちなさい」と言って、「めあて」や「目標」を持たせようとします。

参観で教室に入ると、後ろの掲示板には一人ひとりの「今学期の目標」などが掲示してあることが多いことでしょう。体育の研究授業などでは、子どもに「今日のめあて」を書かせることがよくあります。「めあて」や「目標」が駄目と言っているのではありません。「めあて」や「目標」は絶対に大事であり、これがあるから意欲的に取り組むことができます。ただ問題はどうそれを立てさせるかです。

その前に、まず「めあて」と「目標」の違いですが、個人の場合は、そう目くじらを立てて明確に分ける必要はないと思っています。教師たちが子どもたちに使うときも、「めあて」と「目標」とを分けずに、「がんばることは?」と聞くことが多いようです。あえて違いを言うなら、段階的に「めあて」は一番身近で小さなことですが、「目標」はもう少し遠くて大きいことであろうと思います。そしてその向こうには「夢」があるのかもしれません。

どちらにせよ、子どもに意欲を持たせて、がんばらせるにはどうするかです。

例えば、子どもたちに「一学期にがんばることは何ですか?」と聞くと、「勉強をがんばります」「体育をがんばりたいです」「宿題をしっかりするようにがんばります」「忘れ物ゼロをめざします」などと答えます。

がんばることとして、これは間違いではありません。しかしこのままでは、その「がんばることは」はお題目にしかなっていません。

先　生「二学期はどんなことをがんばりますか？」

子ども「ぼくは勉強をがんばります」

先　生「わかりました」

これでは、たぶんがんばることはできないでしょう。

でも、続けて、

先　生「じゃ、どんな勉強をがんばるの？」

子ども「国語」

先　生「国語の何をするの？」

子ども「漢字をがんばるつもりです」

先　生「どうやってがんばるの？」

子ども「毎日一〇〇字をノートに練習するの」

先　生「宿題に一〇〇字の練習は出すよ」

子ども「違うの、宿題以外に一〇〇字をするの」

先　生「そう、よくわかったわ。じゃ今日からがんばろうね」

子ども「うん、がんばるよ」と言うと、子どもは本当にがんばり出します。

子どもや先生は漠然と「がんばる」とか「がんばれ」などと言いますが、実はこれでは何をがんばるのかという具体的なことがわからないままとなります。具体的な「がんばること」がみえてこそ、動けるものです。

もう一つ例を出します。体育の授業（バスケット）で「今日のめあて」を書きます。

子ども「今日の私のめあては『パスを回す』こと」
先　生「パスをどうやって回すの？」
子ども「うまく回すのです」
先　生「うまく回すためにはどうするの」
子ども「よく動くことです」
先　生「よく動くって、どこに動くの？」
子ども「敵のいないところに動くのです」
先　生「敵のいないところってどこですか？」
子ども「コートの端のほうです」
先　生「じゃ、めあてを言い直してみて」
子ども「コートの端に走り込んでパスを回す」

ここまでつめていくと、試合での動きが確認できるようになります。そうすると、たとえその動きができなくても、何が悪かったかという反省はしっかりできます。

「個人のめあて」の持たせ方のポイントとは、具体的なものを引き出すことです。

プロ野球阪神タイガースの今岡誠選手は、二〇〇五年のシーズン前にこんなめあてを立てていました。

「一死ランナー三塁。このときに必ず一点をとる、そんな打撃をしたいと思います」

そして、今岡選手はこのシーズン、見事に打点王をとりました。それも球団新記録というものでした。

忘れられない思い出③

大ちゃんのおかげだよ

初めて六年生を担任したときの話です。

九月に入り、運動会の練習が始まりました。四クラス対抗のリレーが行われますが、それに向けてクラスのなかでも四チームをつくりました。力を均等にしたつもりのチーム分けでしたが、クラス内でも学年内でも競争をすると、いつもビリになるチームが出てしまいました。キャプテンが大君のチームでした。

やがて大君のチームは、朝練をするようになりました。チームメイトは十人。朝寝坊をしてしまう剛君の家には毎朝誰かが寄って、剛君を連れて学校までやってきました。運動場の端っこを使い、大君が中心になってバトンパスの練習を繰り返し繰り返しやっていました。時には大君が横を一緒に走り、バトンパスのタイミングを教えていました。私は、毎朝それを何も言わずにただじっと見つめていただけで、「うまくなってきたな」と心のなかで呟いていました。

そして運動会の当日がやってきました。六年生のリレーがプログラムの最後です。いよいよ大君のチームが出る番です。

「ヨーイ、ドン」。さあ始まりました。大君のチームは、なんと一位を走っています。いままでずっとビリだったチームが一位を走っていました。リレーは練習すればうまくなっていくものです。次から次へと見事なバトンパスが続きます。そしてとうとうアンカーの大君にバトンが渡りました。私は心のなかで、「ドラマみたいやな。この子たちはすごいなあ」と感心していました。と、その瞬間、大君は後ろから迫ってきていた四組のエースの謙ちゃんと体が接触してしまい、バトンが手からこぼれてしまいました。あっという間の出来事でした。大君がバトンを拾って走り出したときには、すでに三人に抜かれ、大君はビリになっていました。

そこから大君は全力疾走です。しかしゴールに入ったのは最後。またもやビリという結果になってしまいました。

大君はゴールを過ぎたあと、倒れ込んで、

「ごめん、ごめん。ぼくが悪かった。せっかくみんながんばっていたのに……」と泣きじゃくっていました。するとそこにチームのみんなが駆け寄ってきて、

「大ちゃん、泣くなよ。大ちゃんのせいじゃないよ。大ちゃんのおかげでここまでこれたんだよ。大ちゃんありがとう、大ちゃんありがとう」と一緒に泣いているのです。

そのとき、私の頬にも一筋の涙が流れていきました。

第4章

「遊び」のすすめ

――若手教師の最大の切り札

授業づくりや学級経営に悩んでいたとき、
先輩教師から、
「悩んだときは、とにかく子どもと遊びなさい。
何も考えずに、ただ遊べばいいのです」
と助言されました。
私は遊びまくりました。
すると、不思議なことに事態は好転していきました。
確かに先輩の言葉は本当でした。

●思い出は「先生と遊んだこと」

昭和五十四（一九七九）年、初めて教えた子どもはいま三十五歳になっています。

平成十七（二〇〇五）年、西宮市の「人権を考える集い」で講演したとき、その教え子が会場に来てくれ、

「二十六年ぶりの先生の授業、とっても楽しかった」と感想を述べてくれました。二十六年前の授業を本当に覚えているかと言えば、きっと覚えていないでしょう。実は私だって覚えていません。教え子の篠原さんや久次米君に以前聞いたことがあります。

「何覚えてる？」

即座に返ってきた言葉は、

「ドッジボールをしたこと」

「けいどろ（鬼ごっこ）したこと」

「相撲をしたこと」

「裸で走ったこと」

と遊んだことしか出てきませんでした。私が覚えているのも実はそのことです。

あの当時、とにかく遊びました。休み時間はもちろん放課後も朝も、とにかく運動場にいました。校舎の周りも追いかけ合いで何周も回りました。ですから休み時間のあとの授業の始まりは子どもと一緒に下敷きで顔を仰ぐことばかりやっていました。ベテランの教師がこういう風景をみれば、「下敷きで仰いで授業が始まらない」と叱るでしょうね。でも教師の私自身が仰いでいるのですから、子どもたちも堂々と仰いでいるわけです。

私はこれが若い教師の特権だと思います。こんな経験をしない若い教師はもったいないのです。

●若いときに遊ばずして、いつ遊ぶ？——遊ばない若手教師はいらない

若いということは、体力があるということ。若いということは子どもに近いということ。だから、体力的にも精神的にも遊べるこの時期に子どもと一緒に遊ぶことが大事です。もちろん体力に自信のない教師もいるでしょう。遊んだ経験が少ない教師もいるでしょう。でも子どもは遊んでほしいのです。ですから一緒に運動場に出ましょう。そして一緒に遊びを覚え、一緒に楽しみましょう。

私はこう思います。

二十代、三十代の教師は子どもと一緒に運動場に出て遊びましょう。特に二十代の教師は子どもより早く運動場に出るくらいの元気さを出しましょう。四十代、五十代の教師は、「遊びに行こう」と声をかけ、子どもを運動場まで連れていき、その場から声だけ参加させましょう。体力は衰えても、声は衰

えませんからね。

そんなふうにしていつまでも子どもと遊ぶ教師でいてほしいものです。余談になりますが、もし私が教員採用試験の担当をさせてもらえるのなら、「どれだけ子ども時代に遊んだか」とか、「自分がしてきた遊びのおもしろさ体験を語る」とかを問いたいと思っています。

それは、子ども時代に遊んだ体験のある人は、人間としての楽しさや辛さ、そして優しさを知っているからです。

子どもは冒険遊びが大好きです。
ターザンロープで遊ぶ子どもたち

●休み時間には一番に運動場に出る

「キンコンカンコーン」と授業の終わりのチャイムが鳴っているのに、まだ授業をしていては駄目です。チャイムが鳴ったら、子どもたちは教師の話なぞは聞いていません。

教師としては、あと少し授業のまとめをしておきたいと思うでしょうが、それは教師の都合であって、子どもたちは一刻も早く運動場に出たいのです。ですから、授業の終わりはきちんと終わってやらなければなりません。

私の子ども時代、そして私の新任時代はそんな状況でした。でもいまの子どもたちはそこまであせって運動場に出ようとはしないようです。二十年ぐらい前は運動場の使い方でよくもめたものでした。「僕らが先にドッジボールしていたのに、六年生がどけ！って横取りした」「低学年の遊ぶ場所がない」ということで、児童会や代表委員会で議題になることがよくありました。でもいまは運動場の取り合いでもめることも少なくなったようです。

この状況をどう受け止めたらいいのでしょう。私はこれを危機的状況と受け止めています。若い教師のなかには「こんなものだよ」と思っている人もいるでしょうが、子どもは「遊びの名人」でなければいけません。本来、子どものからだのなかには「外で遊びたい」というＤＮＡがあったはずなのに、「外で遊ぶと疲れる」「家でゲームをするほうが楽しい」ことに侵され始めています。これでは子どもの心やからだにとっていいはずがありません。

では、どうすればいいのでしょうか。それは教師が一番に運動場に飛び出すことです。子どもに教師と一緒に遊ぶことの楽しさ、友だちと一緒にからだを動かすことの爽快さを味わわせることです。

さあ、学校中で一番先に運動場に出てみましょう。これほど気持ちのいいものはありませんよ。さあ、チャイムと同時に運動場に飛び出して行きましょう。

●ただのお兄ちゃんとプロ教師の違い――一番しんどい子と手をつなぐ

子どもは先生と遊ぶのが大好きです。ですから、ほとんどの子は先生について一緒に運動場に出ようとします。そんな子どもたちに囲まれながら、教師は運動場に出て行くことになります。まるで芸能人の周りにレポーターやファンがへばりつくように子どもたちは寄ってきます。この光景は教師としてとてもうれしい瞬間ですね。

でもここで、ただの遊びの兄ちゃんや姉ちゃんとプロ教師の違いをみせなければなりません。それは何でしょうか。

簡単なことです。教室を出る瞬間に一度教室のなかを振り返ることです。そして誰が残っているのか、誰が遊びに出ようとしていないかをしっかりと確認しておきます。そして、そのときはそのまま運動場に出て行きます。

でも、次の休み時間には、まずその子に一番に近づいて、「一緒に遊びに行こう」と手をつないで運動場に出るのです。そしてその子を他の子と同じように遊びの仲間に入れていきます。

ここがただの兄ちゃんと違う点です。こんなところに気がつく教師でないといけません。

●遊びのなかに本音がつまっている

遊んでいるときは、子どもの本音がいっぱい出てきます。教室ではとてもおとなしい子が、遊んでいるときは元気だったり表情が一変したりします。心が解放されていくのでしょう。そんな子どもたちとともに遊ぶことで、その子のいろいろなところがみえてきます。子どもと遊ばない教師には、子どもの心はなかなかみえてきません。

運動場から戻るときに子どもと一緒に歩きながら、「最近お父さんと話しているか？」などと聞くと、「最近お父さん、帰ってこないねん」というような答えをもらうことがあります。教室で聞くと、「別に……」とか「何にもない」と言っていた子が、休み時間の帰り道にボソッと口を開いたりします。

また、道徳の時間には「友だちと仲よくすることがいいと思います」と言う子も、休み時間には「おまえは弱いから寄せ（混ぜ）てやらない」とか「オレにボールをよこせ」などと言ったりすることがあります。また道徳の時間には何もしゃべらなかった子が、そんないじめられている子をしっかりとかばってあげることもあります。もちろん休み時間のなかでも、教師のいるときといないときとで態度を変える子もいますが、それも子どもと一緒に遊んでいるからこそ、その変化に気づくことができます。

また、こんなこともありました。

「いままで、ボクの担任の先生は運動場に出て遊んでくれませんでした。だからボクらの遊んでいる様子を先生は知りませんでした。実はボクらはいつも○○君（一人の力の強い子）の言いなりでドッジボールをしていたのでおもしろくなかったのです。でも今度の先生は一緒にドッジボールをしてくれるので、○○君も自分勝手をやめるようになりました。だから、ボクらもいまは楽しくドッジボールができるようになりました」

だからこそ、遊びのなかで子どもの心をつかんでいきましょう。遊びのなかで道徳心を養っていきましょう。

自分勝手に好き放題でドッジボールをしていた子が、教師と一緒にやるようになってから、ルールを守ったり友だちを助けたりするようになります。「それは教師がいるときだけや」と反論されそうですが、そういう子たちはいったんいい経験をすると、好き放題にすることよりいい経験のほうが心地よいとだんだん感じるようになっていきます。そうすれば必ずその子たちは変わります。道徳や人権はこんな遊びのなかから学ぶことが一番心に刻まれていくものです。

●教師はガキ大将に！

子どもの世界には、子どもなりのルールがあります。昔なら、ガキ大将が決めたルールがありました。ガキ大将に有利な自分勝手なルールもありましたが、みんなはそれに従ってやっていましたし、そんななかでもけっこう年下の子や弱い者には「かわいそうやないか」とか「おまけや」と味方してくれたものでした。

いまではそんなガキ大将はいなくなりました。では、いまはその役目は誰がするのでしょう？　私はその役目を若い教師にしてほしいと思います。教師がガキ大将になって、子どもたちを引っ張ってやるのです。自分勝手なことをしたり、わがままをしたりするような子には「それはおかしい！」「先生はそんなことは嫌いや！」「ズルしたらあかんぞ」とみんなの前で言ってやります。また、時には「おまけ、おまけや」と許してやることもみせたらいいのです。自分たちが気持ちよく遊ぶにはどうすればいいかを、まず教師が示してやってほしいものです。そんなモデルがあれば、しばらくするともう教師なしでも同じようにできるようになっていきます。

新任１年目、放課後も子どもと一緒に遊ぶ著者22歳のころ

教師が運動場に出て一緒に遊ぶことはこんなに大事なことと言えます。

●遊んでもらった経験はその子の一生の宝

子育てで大事なことの一つに、「親は子どもと一緒に遊ぶ」ということがあります。小さな子どもにとってお母さんお父さんが一緒に遊んでくれたという体験は、親からの愛情をいっぱい感じるときです。「一緒に遊んでもらう」という行為がどんなにうれしいことか、その喜びを感じて大きくなった子どもは、愛情豊かな子に育っていきます。将来人の気持ちがわかる優しい人になることができます。反対にその喜びを感じることができずに育った子は、人に対して優しい行為がなかなかできないものです。「遊んでもらった」という愛情のシャワーは、子どもにとっては非常に大事なことです。

小学校の時期も同じです。この時期は教師からの

「遊んでもらった」シャワーがまだ必要だと言えます。「遊んでもらった」という愛情のシャワーをいっぱい受けることによって、優しい心が育ちます。遊んでもらった経験は、その子の一生の宝になります。

●悩んだときは、とにかく遊べ！

「子どもとうまくいかない」「子どもが言うことを聞いてくれない」「授業がうまくいかない」「教師としての自信を失った」…などと悩むことは誰でもあります。

そんなとき、どうするか？　私は先輩から「悩んだときはとにかく遊べ！」と教わりました。

「悩んだら遊ぶ」。これは実践した者にしかわからないことですが、遊んでみると不思議に子どもとの距離が縮まり、通い合わせることができなかった心もなんとなく通じ始めます。人間は動くと変わります。汗をかきながら走り回ると、心がスカッとします。これを気分転換とか発散と言ったりしますが、特に子どもはこの機能が発達していますから、すぐに元気を出してくれますし、こちらにも心を寄せてくれます。

さあ、やってみてください。悩んでいるときは「まず遊ぶ！」。そこからです。

初めは、その最初の一歩がなかなか出ませんが、「おい、一緒に遊びに行こう！」と大きな声で誘ってやってください。

・子ども同士がけんかをしたとき
・子どもが落ち込んでいるとき

・教師が落ち込んでいるとき
・子どもを叱ったあと
・授業がうまくいかなかったとき
・学校が楽しくないと感じ始めたとき

こんなとき、子どもと一緒に思いきり遊びます。汗をかきます。息がハァーハァー言うまで遊びます。きっと変わります、いえ必ず変わります。

だまされたと思って、一度やってみてください。「悩んだときは、とにかく遊べ！」です。

●息をハァーハァーさせながら授業に臨む喜び

暑い季節には、運動場に出たがらない子どもが増えてきました。「涼しい教室にいるほうが楽でい い」という子どもも増えてきましたが、これではからだも心も弱い子どもになってしまいます。家のなかでゲームをすることが楽しいと感じている子どもたちには、夏であろうが冬であろうが、外に出て思いきりからだを動かすことがどんなに心地よいものかを感じてほしいと思います。

暑い季節に外で遊ぶと、教室に戻ってきた子どもたちの額やからだからは、汗がポタポタと流れ出ます。子どもたちは下敷きを団扇がわりにしてパタパタと仰ぎ続けます。そんなところに教師が「さあ授業を始めますよ。下敷きで仰ぐのをやめなさい」と注意します。

さて、これで授業に集中できるでしょうか。できるはずはありません。教師は休み時間にクーラーの効いた職員室にいて、教室に来た途端、「仰ぐのはやめ！」というのでは虫がよすぎるのではないでしょうか。子どもたちにとっては、休み時間は遊び時間です。教師のように、休憩時間とは違います。そのあたりをぜひ理解してやってほしいと思います。もちろんこれは一年中ではありません。暑い時期のことだけですから、その五分ぐらいは待つ余裕が教師にも必要でしょう。

また、その五分をじっと待つぐらいなら、子どもと一緒の気持ちを味わうのが若い教師の役目だと思いませんか。そうです、一緒に汗を流すのです。一緒に団扇を仰いで、「ああ、暑いなあ。でも授業もせなあかんから、仰ぐのはあと三分やぞ」なんて子どもに言えば、子どももそれを守って、三分後の教師の「さあ始めるぞ」で仰ぐのを一斉にやめるものです。一緒にやっていれば、子どもも納得するはずです。

あるとき、こんなことがありました。私が四十一歳をこえたころです。休み時間に子どもたちと鬼ごっこをしていて、教室に戻ったあと、私の息がおさまりません。ハァーハァー言って授業の言葉が出てきません。

「先生、授業始めようよ」と子どもに言われても、

「ちょっと待って、先生しんどいねん。もうちょっと待ってくれるか？」と言うと、子どもたちはとてもうれしそうに、

「先生、待ってあげるよ。ゆっくり息、整えたらいいよ。その間、本を読んどくから」と言ってくれました。

あのときの子どものいい表情を忘れることができません。私は息をハァーハァーさせながらも、子ど

著者の43歳の誕生日、子どもたちが祝ってくれました。「幸せ！」

もたちの柔らかな優しい目をみて幸せを感じた時間でした。

後日、子どもが作文に「先生と一緒に遊ぶ自分がとっても好き」と書いてくれました。

● ゲーム「大あらし」で知る家庭の様子

室内でするゲームに「大あらし」というイスとりゲームがあります。イスを円に並べてみんなが座り、一人だけが座らずに円の真ん中に立ち、「算数が好きな人」などと声をかけると、それに該当する人がイスを移動していき、座れなかった人が次の質問を出すゲームです。みんなが動くときには「大あらし」と言うのでこの名前がついています。

「スマップが好きな人」「ピーマンが嫌いな人」「靴下を履いている人」「女の子」などと、いろいろな言葉が出てきます。そんな調子でワイワイやっていくうちに、「朝ご飯を食べて来なかった人」、あるいは「朝ご飯を食べた人」という質問が出るときがあります。そのとき、教師はどうするかです。

もちろんいままでと同じように一緒に笑いながら過ごすのですが、誰が立ったのか、誰が朝食をとっていないのかを頭に入れておきます。ほかにも「九時までに寝た人」なんて質問も出たりしますから、そういう家庭の様子が出たときにはさりげなく頭に入れていきます。そして、それをこれからの指導に役立てるようにします。

●青春を謳歌しよう――デートもしよう、旅行にも出かけよう

遊びの最後は、自分自身の遊びです。教師も人間です。遊ばなくてはなりません。学校の仕事ばかりしていては、だんだん視野が狭くなり、結局発想豊かで柔軟な指導ができなくなります。こんなことを言うと変かもしれませんが、「教師も遊べ！」と言いたいのです。デートをしましょう。旅行にもどんどん行きましょう。ディズニーランドにも行って、思いきり遊びましょう。そんな楽しい体験は、絶対に子どもたちの指導の肥やしになると思っています。

仕事、遊び、このメリハリの効いた生活こそ、自分が生き生きできる源になります。さあ、遊びに行きましょう。

忘れられない思い出④

恵子との別れ

教師になって四年目。私が初めて一年生を担任したときに恵子（仮名）がいました。恵子は勉強はできるのですが、情緒が不安定で時々大声を出したり、教室から飛び出して隠れてしまったり、また友だちとのかかわりが下手で、もめごともよく起こしていました。いまの言い方をすれば、高機能自閉症もしくはアスペルガー症候群とも言えるのかもしれません。

ただでさえ私は初めての一年生担任で戸惑っており、恵子に振り回され、大変あわただしい毎日を送っていました。恵子が休んだ日には教室は平穏で私もホッとしたものです。

三学期になって、そんな恵子が東京に転校することになりました。電話でその連絡を受け、「お母さん、それは残念です」と話しながら、心のなかでホッとし、「これでやっと平穏で普通のクラスになれるな」と思いました。そうです、恵子の転校を喜んでいた私でした。

転校する日、お母さんが学校にあいさつに来られました。

「仲島先生、本当にお世話になりました。恵子のこと、大変だったでしょうが、先生はいつも一生懸命にしてくださり、心より感謝しております。ありがとうございました」と話された瞬間、私の目から大粒の涙がポロポロと流れ出し、

「お母さん、すみませんでした」

そのひと言しか言うことができませんでした。

私は心の底から自分を恥じました。自分はなんてひどい教師なんだ。この子がいなくなればいいと思っていた自分が情けなくなり、そして恵子と恵子のお母さんに申し訳ない気持ちでいっぱいになりました。

「いいえ、仲島先生。先生は本当に一生懸命に恵子のためにしてくださいましたよ」

お母さんの言葉に、また涙が出てしまいました。私はまた、

「いいえ、本当にすみませんでした」としか言えませんでした。

私が保護者の前でみせた、初めての涙でした。

翌日が引っ越しの日でした。荷物は車で送り、恵子たちは新幹線で東京に向かいます。「最後にもう一度学校をみたいので、新大阪ではなく新神戸から新幹線に乗りますね」と聞いていました。私たちの学校のそばを新幹線が通っていたのです。

子どもたちに、

「運動場に出て、恵子にさようならをしようよ」と言うと、

「先生、何時の新幹線?」と聞くので、

「わからないんだよ。でもお昼までの新幹線に乗るって言ってたよ」

「じゃ、給食までずっと手を振ろうよ」

一年二組三十八人は、朝の八時半から十二時半までの四時間、運動場に出ずっぱりで、新幹線が通るたびに思いっきり手を振りました。

後日、お母さんから手紙が届きました。

「先生、それから一年二組のお友だち。本当にありがとうございました。新幹線からみた最後

の学校を恵子は一生忘れないと思います。みなさんが大きく手を振っている姿を恵子は目を大きく開けてじっとみつめていました。あの子は幸せな子です」

「あの子さえいなければ……」という気持ちが、「あの子がいてくれたおかげで……」という気持ちに変わった瞬間でした。私はやっと教師になれました。

第5章 「ほめる」のすすめ――具体的なほめ方を

誰でもほめられるとうれしいものです。
ほめられるとそれが自信になり、
自尊感情が育っていきます。
自分のことが好きになった子は、
瞳が輝きます。
友だちに優しくなり、協力する子になります。
そして未来の自分をみつめ、
がんばる子になっていきます。

●何をほめるのか

子どもの何をほめたらいいのでしょう。そのときは、まず「自分なら」と考えてみることです。自分がほめられてうれしいのは、どんなときでしょう。

- 何かを意識してがんばったとき
- がんばった結果、いい成果が出たとき
- 失敗したけれども、その過程をほめられたとき

などの、自分のがんばりに関すること。

- 友だちに優しくしたとき
- 友だちと仲よくしたとき
- 友だちを助けたとき

などの友だち関係や人間関係に関すること。

・学級のために仕事をした
・学校のために仕事をした
・国際社会のために
などの社会貢献に関すること。

このように、いろいろ分類して考えることができますが、一番大事なのは「教師自身が『感動したこと』をほめる」のが一番いいでしょう。感動した具体的な事柄を話します。そんな教師の話は、子どもに必ず通じていくものです。

●いつほめるのか

もちろんその場ですぐにほめるのが基本です。特に年齢が低いほど、そのときその場でほめるほうがいいでしょう。そして、そのあとにはみんなの前で紹介してあげましょう。

「○○さんは、いまこんなことをしてくれたんだよ。とってもうれしかったよ」

紹介はさっとでかまいません。さらりとやってしまいましょう。あまりしつこいと、かえって周りの子の反発を買うこともあります。もちろんとても大事なときは、時間をとって話すのですが、日常では自然の流れを止めないようにほめるのがコツです。

でも、そのあとには、連絡帳にひと言記しておきましょう。

「○○さんは、今日……をしてくれました。優しい子ですね」

家に帰った子どもはお母さんやお父さんからそのことを聞かれ、またほめられます。これは子どもにとってとてもうれしいことです。

連絡帳に書く時間がないときは、家庭に電話をかけるのもいいでしょう。「えっ、そんなことで電話をかけるのですか?」と思うかもしれませんが、これが大事です。

「お母さん、突然の電話ですみません。今日ね、○○さんが……なことをしてくれたんです。とってもうれしかったので、つい電話をしてしまいました。いい子に育っていますね」

というような一分間ほどの電話をかけます。短くあっさりでかまいません。突然の電話におうちの方はびっくりされるかもしれませんが、そんなことでわざわざ電話をかけてくる教師を評価はすれど、非難をすることは絶対にありません。

学校からの電話といえば、連絡網、病気や事故の連絡、けんかやトラブルの連絡が一般的です。いいことでの電話はあまりないのが普通です。だからこそ、こういう知らせの電話はうれしいものです。特に厳しい状況に置かれている子どもや、しょっちゅう怒られている子どもの家庭にはこんな電話はとても効果的です。

ただし、けんかをして怪我をしたというようなトラブルのときは、電話での対応はできるだけ避け、家庭訪問をして直接顔をみて話すのがベストです。電話でのトラブルの処理対応は実はもめるもとになります。

●学級通信でほめる

ほめる手段はいろいろありますが、話すだけではなく、文字にしてほめるのも有効です。例えば学級通信でほめます。言われたことは忘れることがあっても、書かれたことは残っていきます。言われたことをもう一度文字にしてみせてもらうと、さらにその子の自信になっていきます。また、学級通信に書かれてみんなの前でほめられるとやっぱりうれしいものですし、その文字は他の子の行動をも変えていく力になっていきます。

例えば、四月、始業式の翌日の学級通信にはこんなことを書きました。

4月7日始業式　4年1組のスタートの日。先生は3ついいことをみつけました。

◇1つ目。先生は「とりあえず今日は好きな所へすわっていいよ」と言うと、好きな人といっしょにすわる人、はしっこにすわる人、前にすわる人と、みんなは自分のすわりたいようにすわりました。先生はその時、ハッとして「転校生の松浦さんが一人になってしまわないか」と心配しましたが……。山下さんが、ちゃんと気にかけて「ここにすわろうよ」と優しく声をかけて、席に着かせてくれました。

◇2つ目。みんなに教科書やプリントをたくさん配りました。その時先生はハッとしました。「お休みの福本さんの分は？」と思っていたら、小原さんが、福本さんの教科書もプリントもちゃんと整えてくれていました。

◇3つ目。先生の荷物は、前の2年3組の教室の前に置いていていました。たくさんあって先生一人ではとても運べませんでした。すると「ボクが運んであげるよ」と今村君が言えば、「私も手伝うよ」と佐野さんが言い、「みんなで運ぼう」と前上君が声をかけてくれ、みんなの力で1階から3階の4年1組までたくさんの荷物をあっという間に運んでくれました。

きのう「人」という漢字の意味を教えましたね。「人」って倒れそうな人をもう一人の人が支えているのが「人」という漢字なんだよ、と話しました。人と人の間には、こういう「支え合う」というすばらしい関係があるのです。それが人間なんです。

4年1組にも、そんな「支え合う仲間」がたくさんいるようです。うれしいスタートです。

このように、転入生を助けた山下さん、欠席の子を助けた小原さん、声をかけてくれた今村君、佐野さん、前上君は、学級通信に書かれたこともうれしいし、それを家に持ち帰り、その文を読んだお母さんやお父さんからもう一度ほめられます。

一つの行為も、その場で、学級通信で、家庭でと、三つの方向からほめられることによって、その子の自尊感情はさらに高まっていきます。

●個人懇談会でほめる

個人懇談会というと、子どもも「いややあ」、親も「足どりが重いなあ」と感じることが多いようですが、なぜでしょうか。それは明白です。個人懇談会で「悪いところ」を言われるからです。あるお母さんは、個人懇談会にずっと来ませんでした。担任は「あの親は駄目だ。だから子どもがあんなふうになるのだ」と嘆いていましたが、親にしてみれば、いつも「叱られる」懇談会には行きたくないのは当然です。

担任はプロの教師です。ならば「懇談会に行きたいなあ」と思わせる力が必要です。「その力とは何か？」。簡単なことです。「ほめる」ことを言えばいいのです。日常、いくら悪いことをしている子でも、いいことをたまにはします。そのいいことをみつけて報告します。それもただ「優しい子です」という抽象的な言い方ではなく、具体的な出来事を言うのがポイントです。

「○○君は、給食のときに友だちがこぼしたカレーを一番最初に拭いてくれましたよ。ほんと優しい子です。この前の国語の時間は三回発言しましたよ。積極性が出てきて、これから楽しみです」

こんな調子で言われたら、お母さんもうれしいものです。そしてそんなほめられたなかに「漢字のテストは悪かったですが、今度がんばるって言っていましたので、お母さんもちょっとでいいですから、がんばれって声をかけてやってください」と言うと、悪いところも素直に聞いてくれるものです。

また、優しいことをした子の保護者には、「これはきっとお母さんの育て方がうまいからですよ。お母さんもパートやら大変ななかでよくがんばっておられますね」と保護者もほめてあげます。すると、お母さんもうれしくなって、自宅に帰ったあと、家では温かい空気が流れるはずです。

●学級懇談会（全体懇談会）でほめる

学級懇談会は、少なくとも一学期に一回はあると思いますが、このときにほめることです。一番いやがられる懇談会は、先生からの説教じみた話が多くなって、

「そんなことはわかっています。でも、できないの」

「また長い話か」

「ぐちをこんな席で言わないで」と思われるだけです。

そんな説教より、クラスの子の実態、それも具体的に話すのが一番いいでしょう。

「みんな優しいですよ」より、「給食の時間には、当番以外の子も一緒に配ってくれるので、とても早く用意ができる子どもたちです。いいクラスになってきました」などと言うと、親は安心します。そんな「いい話」は聞いていても気持ちがいいし、うれしくもなります。自分の子が関係している話なら、なおうれしいものです。

そんないい話をおみやげ話として持って帰ってもらいます。

「今日ね、あんたのクラスの給食の準備のこと、先生から聞いたよ。あんたらのクラスっていいクラスやね」

「今日、先生からあなたのこと聞いたよ。あなた当番じゃないのに手伝ったんだって。えらいなあって、お母さん感動しちゃったわ」

こんな懇談会があった夜には、きっと家庭は明るくなっているはずです。

全体をほめたら、今度は懇談会の最後に個人をほめます。懇談に残ったお母さんたちにその子のいいところを担任が言っていきます。一人十五秒でもいいでしょう。お母さんたち一人ひとりに「○○君は、トイレのスリッパをいつもそろえてくれるんですよ。しかも自分の学年のところだけでなく、低学年のトイレのスリッパもそろえてくれます」などとほめることをしていけば、「うちの子はなんて言われるのだろう？」とドキドキしながら自分の番が回ってくるのを待つようになります。そして自分の子ども以外の友だちのいいところも同時に知ることになります。

次回の懇談会でも、その次の懇談会でも言ってあげましょう。すると、保護者は懇談会に来ることが楽しみになり、またそのことをほかのお母さんにも話すので、懇談会に参加する人数は増えていきます。

ただ、そのために担任はクラスのすべての子どものいいことを準備することになります。これはけっこう大変な作業になります。なかなかいいところがみつからない子もいます。しかし全員の準備をするために、担任はよりよく子どもを観察することになり、結果として、担任の子ども理解が驚くほど深くなります。また、当日、保護者が来ない子の話はその日は無駄になりますが、それは、家庭訪問や個人懇談、通知表などのいい材料になりますので、決して無駄にはなりません。

●通知表でほめる

ある子どもが叫びました。

「先生、あゆみ（通知表）なんかいらん！」

ある親が言いました。

「先生、どうせうちの子、あかんやろ、毎年同じや。通知表なんかなくていいわ。毎回毎回おまえは駄目やと突きつけられていやや」


こんな状態では通知表の意義がありません。私は通知表というのは、みて元気が出るものであってほしいと思っています。もちろん、成績としてきちんと数値を出さないといけませんし、甘い評価はかえって混乱を招く可能性もあります。ある意味、客観的で機械的な部分も必要ですが、通知表には心を込めて書けるところが一ヵ所あります。

それは、所見欄です。ここには担任の言葉を書くことができます。人間的な部分です。この所見がどのように書いているかで、通知表が楽しみになることもあるはずです（学校によっては、たまに所見欄のない通知表がありますが、これこそ教師の怠慢だと思います）。

私はこの所見欄には、その子のいいところを書くようにしていました。教師によっては、ここに悪いことしか書かない人、いいことと悪いことを半々で書く人がいます。それは駄目とは言いませんが、私はいいことだけを書いてやってほしいと思います。悪いことは、個人懇談のときに言葉で言えばいいのです。わざわざ字に残して、その子に突きつけなくていいはずです。一生残る通知表だからこそ、どんなことが書かれているかで、大人になってからもよかったなあと思えるか、これは私の汚点だと思えるか、大きく違ってきます。

未来のある子どもには、心に残るいい記録を残してやりたいものです。

では、実際にどんなことをどのように書けばいいのでしょう。それは具体的なその子の姿が表れる書き方をしたいものです。ただ「優しい」ではなく、どんなことをして優しいのかを文章にして残してあげましょう。

ここに、いくつか例を挙げておくことにします。

「明るくて元気でした」→「いつも運動場に一番に出て遊んでいました。その影響でクラスの仲間も全員外に出るようになり、みんなで仲よく遊べるようになりました。このクラスが明るくて元気なのは彼のおかげです。ありがとう、松本君」

「いつも優しい行動でした」→「落ち込んでいる友だちがいれば、いつもそばに行き、励ましていました。そんな彼女の行動はクラスの仲間からも信頼されています」

「学習もよくがんばっていました」→「自主学習では算数の分数の足し算を何度も何度も練習していました。その努力は来学期に成果として必ず出てくるはずです。ガンバレ、木村さん」

「運動会で係の仕事をしっかりやっていました」→「運動会では、会場係として全体を見渡し、みんなが気持ちよくできるように常に声かけをして活動していました。またあとかたづけでは、一年生の子の机を持ってやるなど、優しく低学年の子にもかかわっていた福田君でした」

●家庭訪問でほめる――「五分間家庭訪問」のすすめ

家庭訪問といえば、どこの学校でも四月か五月に一つの行事として行われますが、ここでいう家庭訪問はそれ以外の日常行われる家庭訪問のことです。「ほめる」のなかで、私が最も重視するのは、実はこの家庭訪問です。特にクラスのなかで一番厳しい立場にいる子、言い換えれば一番しんどい子、その子が「学校好き、友だち好き、自分が好き」と言えるようにしてやるためには、家庭訪問が一番いい方法だと思っています。

しんどい子、端的に言い換えれば悪い子は、総じて自尊感情が高くありません。つまり自分に自信がなく、自分自身を愛せなくなっている状態であることが多いようです。だから友だちに暴力をふるったり、いじめたりするなどの問題行動を起こし、学校でも怒られ、家でも怒られ、友だちからよく言われません。

その子が立ち直っていくためには、その子ども、そしてその親に自信をつけさせてやることです。そのためには連絡帳でも電話でもなく、直接保護者と顔を合わせて話ができる家庭訪問が一番です。

「ピンポーン！」
「小学校の仲島です」
「あら、先生ですか？　どうしたんですか」
「お母さん、急にすみません。実は今日○○君ね、休み時間に運動場で二年生の子が怪我をしたのをみつけると、一番に駆け寄り、その子をおんぶして保健室に運んでくれたんですよ。その姿に、私、感動したんです。あいつ、いいやつですね。ただそれだけを伝えたくて突然おじゃましました。では失礼します」

このように玄関先のたった五分間の家庭訪問です。帰り道、ほんの五分だけその子の家に立ち寄り、学校でのいいことを伝えてすぐに帰ります。私はこれを「五分間家庭訪問」と名づけました。

さて、私が帰ったあと、この家庭ではどんなことが起こっていると思いますか。きっとお母さんは、「あなた、学校でそんな優しいことをしたんやね」と、子どもを抱きしめてあげるに違いありません。きっと温かい空気が家中に広がっているでしょう。遅く帰ったお父さんがその話を聞いて、再び子どもをほめてあげることでしょう。親もうれしいし、子どももうれしい。そんな温かな贈り物を持っていくのが五分間家庭訪問です。

この五分間家庭訪問を地道に続けていくことにより、やがて子どもにも親にも笑顔と自信が戻ってきます。

そんな五分間家庭訪問など全くせずに、トラブルがあったときだけ家庭訪問に行くと、「うちの子だけが、悪いのですか。○○君も同罪でしょう。なぜうちの子だけなのですか」と、親にいきなり怒られることがあります。

でも何度か五分間家庭訪問を続けていると信頼関係ができるので、何とか丸く収まることが多いものです。

今日、学校で元気がなかった子がいたらどうしますか。そんなときは、帰り道に五分間家庭訪問をします。


「ピンポーン、小学校の仲島です」

「はい……?」

「○○さん、いま元気ですか?　今日学校では何だか元気がないようにみえたので、ちょっと気になって寄ってみました」

「先生、そんなことでわざわざ来てくださったんですか。うちの子、いま元気にしていますよ。○○!　先生が来てはるよ」

お母さんは娘を玄関先に呼び出します。すると元気な娘が登場して、

「先生、どうしたん?」

「よかった、よかった、元気そうで」

「あら先生、私大丈夫!　元気よ」

「ああよかった、安心したわ。じゃ、さようなら」


こんな五分間家庭訪問があった翌日は、子どもは朝一番に、

「先生、おはよう!」と元気な声を出してきます。

「何もないときに先生がわざわざ私のために家まで来てくれた」「今度の先生はとっても気にかけてく

黒板の上には学級目標。クラス全員がこれに向かってがんばりました

れるんだ」。そんな思いが子どもにも親にもわきあがってきます。子どもは、こんなことで元気が出るものです。ほんの少し寄り道をして、元気の素を運んでいく。それが五分間家庭訪問です。

●学級目標に返してほめる――壁目標からの脱却

たいていどこのクラスでも学級目標はあります。教室の前の黒板の上にでかでかと貼ってあることがよくありますが、あの目標をどれだけ達成しているでしょうか。ただ壁にずっと貼ってある「壁目標」ではあまりにももったいないことです。

私は、授業中でも、休み時間でも、給食の時間でも、掃除の時間でも、常にこの目標に立ち返らせることを意識してきました。

例えば「支え合う仲間になろう」という目標が掲げてあります。

国語の時間にわからない子のそばに行って子どもたち

が教え合いをしていたら、

「いまの三班の学習は、まさに『支え合う仲間』だね」と言って黒板の上に貼ってある目標を指さします。

給食当番の子が欠席のときに、さっと替わりに当番をしてくれた友だちがいれば、「○○君、ありがとう。おかげで素早く用意ができたね。あなたたちもまさに『支え合う仲間』だね」と、また黒板の上の学級目標に返します。

また、掃除の時間でも子ども同士が協力する場面に出会うと、必ず黒板の上の目標を指さしてほめるのです。

ほかにも運動場でそんな場面をみつけたときには、その場でほめるだけでなく、教室に戻ったときに改めて運動場で起こった出来事を学級目標に照らして、もう一度ほめます。

そういうことの繰り返しによって、子どもたちも「自分たちはなかなかいいクラスになってきたぞ」「目標に近づいてきたな」と満足していきます。これはクラスの自尊感情が育ってきたということになります。

●「叱る」「怒る」ことも遠慮しない!

ほめることは大切ですが、実はその反対の叱ること、怒ることも、とても大事な指導の一つです。子どもは、ほめてくれるだけの教師より、いいときはほめ、悪いときは叱ってくれる教師のほうが本当は好きです。叱ってくれない教師はあまり信頼されません。

その前に「叱る」と「怒る」の違いについて、少し説明したいと思います。

普通の解釈では、

「叱る」……感情的にならないで、その子の成長を願ってきつく言うこと

「怒る」……感情的にきつく言うことで、時に怒る者の自己満足的な面もある

つまり、教師の指導としては「怒る」ではなく、「叱る」が正しいと言われることが一般的ですが、私はあまりこの違いにはこだわっていません。むしろ「怒る」ことが大事だと思っています。教師も人間です。腹が立って、「これは許せない！」と頭から湯気が出るくらい怒ってもいいと思います。それだけで教師の気持ちは子どもには十分伝わるし、あんなに先生が怒ることなんだと気づいてくれるはずです。時には感情的になってもいいのではないでしょうか。

それよりも、「まあまあ」というふうに簡単に許してしまうことや、あいまいにして見逃してしまうことのほうが、子どもにとってよくないことです。

怒ることで気をつけなければいけないことは、「こんなことをしたら先生は怒る」という基準がはっきりしていることです。例えば、友だちに対して言葉や力で傷つけたとき、先生は必ず怒るとわかっていれば、たとえ怒られても子どもは納得するものです。でも、時によって怒ったり怒らなかったりすると、子どもは不満を持ってしまいます。

最近、怒る教師が少なくなったと言われています。保護者など周りを気にするあまり、遠慮してなかなか怒ることができないようです。悪いときには「悪い！」としっかりと怒ってほしいものです。「こ

れは許さないぞ！」。そんな大きな声を、時には出せる教師であってほしいと思っています。

●教師は自分の「ほめる感性」を育てること――先輩に学ぶ

ここまで読んで、何となくほめることの大切さを感じてもらえたのではないでしょうか。しかし、実際にはなかなかうまくほめることはできないものです。

私は「先輩に学ぶ」ことをすすめます。先輩の教師は、遠足のときに学年全体に対してどんなことをしゃべるのか、音楽会のあとの講評はどんなポイントで話すのかなど、いつもよく聞いておきます。先輩の学級通信はいつも読ませてもらって、子どもたちをどんなふうにみているかを学ぶことです。通知表の所見も毎回読ませてもらい、どんなことを保護者に伝えているかを教えてもらいます。

自分がもともと持っている感性も大事にしながら、先輩の感性も盗んでいき、ほめる感性を育て、磨いていってほしいものです。

●お母さんから教えてもらったこと――未来への応援団

新任四年目、初めて一年生の担任をしたときのことです。

授業中、ある男の子がうんちを漏らしてしまい、その処置をしたあと、その子どもの家に電話で連絡を入れておきました（この連絡には連絡帳を使いません。子どもにとって連絡帳に「うんちを漏らした」の記録が残るのはやはりいやなものです。こういう連絡は電話などの口頭で行います）。

　さあ、お母さんはどうやって子どもを迎えたでしょう。

　まずは、一番よくあるパターンです。

子「（元気なく）ただいまあ」

母「（少し怒った様子で）おかえり。（そして大きな声で）あなた、今日学校でうんち漏らしたでしょ。さっき先生から電話があったよ。どうして休み時間に行かなかったの。なぜ先生に手を挙げて言わなかったのよ。もう一年生なんだからしっかりしなさい。ああ情けない。妹のほうがしっかりしてるじゃないの。お兄ちゃん、しっかりしなさい！」

　と、きつく叱られてしまいました。

　すると子どもは「明日学校に行きたくないなあ」としょげてしまいます。

　でも、このお母さんの対応は違いました。

子「（元気なく）ただいまあ」

母「（明るい声で）おかえりー。さっきね、先生から電話があったよ。いろいろあったみたいだけど、ちゃんとしてもらってよかったね。さあ、おやつでも食べなさい」

　子どもは怒られると思って帰ってきたのに、怒られるどころか、頭をなでて迎えてもらいました。すると、子どもは「明日もがんばろう」と元気が出てきました。

子どもは「過去」と「未来」のどちらを大事にするかと言えば、一〇〇パーセント「未来」を大事にします。子どもにとって大事なのは「いま」と「未来」です。それに対して、大人はどうでしょう？大人は「過去」にこだわることが多いのではないでしょうか。

初めに紹介したお母さんはうんちを漏らして帰ってきた子どもに、「どうして休み時間にトイレに行かなかったのよ」と厳しく過去を突きました。子どもは明日（未来）のことを考えたかったのに、お母さんは過去のことばかりを言う。つまり子どもは未来の方向をみ、お母さんは過去の方向をみて、お互いが違う方向を向いていたのです。

それに比べて、あとに紹介したお母さんの対応は「ちゃんとしてもらってよかったね」と過去を責めることなく、「明日からがんばろう」と未来の方向を向いて子どもと接しました。お母さんが子どもと一緒に未来の方向を向いたとき、子どもは生き生きと動き出すことができます。

お母さんやお父さんは「子どもの未来への応援団」です。そして教師も同じように「子どもの未来への応援団」であるということを、このときに学びました。

もう一人、こんなお母さんがいました。

運動会前の練習での出来事です。私は六年生の組体操の指導をしていました。四段ピラミッドをつくるのですが、一番土台になっている一人の男の子がすぐに崩れてしまいます。からだは大きいのに、すぐに「ダメ！」「痛い！」「うーっ」と言って崩れるので、私はついついきつい口調で「しっかりやれー！」と言っていました。するとその子は、「痛いねん！」と、また文句を口にします。

その子が家に帰り、汚れた体操服をお母さんに投げつけます。お母さんは一瞬むっとしますが、そのあとにひと言声をかけました。

「あなた、がんばってるんやね」

「なんでそんなこと、お母さんにわかるねん」

「だって、この体操服、肩と背中のところが汚れているよ。あなた、土台になっているって言ってたでしょ。この上に誰かが乗っているんでしょ。痛いのに、よくがんばってるのね」

「まあな……」

翌日、また組体操の練習をすると、その子は昨日までとは違って文句一つ言わずにがんばっています。

「よーし、いいぞ。今日はいいじゃないか。いいぞ、いいぞ」

とほめましたが、なぜその子がそのときにがんばっていたのか、その理由を全く知りませんでした。運動会が終わって一ヵ月近く経ったときに初めてその話を聞き、「そうだったのか」とやっと気づいたのです。

子どものどこをみてほめるのか、大変勉強になった出来事でした。

忘れられない思い出⑤

健太とお父さん

健太とお父さんは一年前にお母さんと別れ、男同士二人で暮らしていました。「まだ四年生の健太は、大丈夫だろうか」。それが担任の私とお父さんとの共通の心配事でした。

十月のある日、教室で、

「自分の好きなところはどこですか？　それを書きなさい」と言って、クラスの子どもたちにその課題を書かせました。

その問いかけに、健太は、「お父さんが好きな自分が好き」と書いたのです。

私は、そんな健太の文に感動し、その夜、さっそく家庭訪問に行きました。

玄関先でお父さんにこのことを話すと、お父さんは、目を真っ赤にし、

「先生、ありがとうございました」と言いました。

「『先生、ありがとう』じゃないよ、これはお父さんががんばったからじゃないか。遠足のときは朝四時に起きて息子の弁当をつくってくれたし、運動会の日も仕事があったのに、半日休んで息子を応援しに来てくれたでしょ。そのお父さんの気持ちが健太に伝わっていたんですよ。お父さん、しんどいのによくがんばったね。お父さんえらいなあ、お父さんよかったなあ」

お父さんは、玄関先で流れる涙を拭きもしないで、ただただ肩を大きく震わせて泣いていました。

温かい親子のつながりを目の前でみて、感動した私でした。

第6章

「研究授業」のすすめ ―― 授業のうまい先生に

これまで何度、研究授業をしてきたことでしょう。
そのたびに「ああ、しんどいよ」と
いつも思ってきました。
でも、この研究授業をしてきたおかげで
何とか私も一人前の授業が
できるようになれたのだと思います。
教師の仕事で一番大事なこと、それは授業です。
どうか、授業のうまい先生になってください。

●教師の原点は授業

「若い教師に望むことは?」と問われると、

「熱のある先生」「元気な先生」「一生懸命にする先生」「いいことはいい、悪いことは悪いとはっきり言う先生」などと、教師の姿勢に関することをいつも答えていますが、本当は教師の原点と言えば、やはり「授業」です。学校のなかで一番長い時間を過ごすのが「授業」であり、この当たり前の「授業」を抜いて教師の仕事は考えられません。

実は「授業のうまい先生」は、「熱」もあるし、「元気」だし、「一生懸命」だし、「生活態度」にもうるさいものです。そして何よりこのような教師は「子ども理解」がしっかりしています。そうでないと「うまい授業」は決してできないからです。授業がうまくなるということは、教師としてあらゆる条件が成長するということです。ですから、若い先生には「授業のうまい先生になれ」と口を酸っぱくして言っています。

「いい授業」ができたとき、子どもは必ず「いい表情」になっています。反応もいいし、次への意欲もみなぎります。そして、保護者からも信頼されるようになります。

「いい授業」ができないとき、子どもは「悪い表情」になっていきます。学級崩壊という悲しい事態が起こることがありますが、その要因の大きなものに「授業」があると思います。「いい授業」には、子どもは食いついてきます。「悪い授業」だから子どもは聞かないのです。教師が成長していくための一番の原点は、「授業」だと言えるでしょう。

●研究授業は自分を伸ばすチャンス

お叱りを受ける覚悟で言わせてもらえるなら、授業が一番下手な教師は大学の先生です。次に下手なのは高校の先生、そして中学校の先生、小学校の先生の順番です。私の学生時代、教師時代、そして教育委員会時代の授業参観経験からだけですが、このことはほぼ間違いないと確信しています。「何を言うか」と反論はあることでしょう。もちろん、高校の先生や中学の先生でも、非常にいい授業をされているのをみたことはありますが、この傾向はたぶん当たっているはずです。

なぜそうなのか——それは簡単です。小学校の教師ほどには人に授業をみてもらい、批評してもらう機会が少ないからです。大学の先生の講義に「研究授業」というものがあるでしょうか。大学の先生は自分の研究には熱心で、学会などで評価もされますが、自分の講義に関しては誰からも評価してもらえません（最近は学生からの評価のある大学も増えてきましたが）。だから講義がいっこうにうまくならないのです。教育学部の教授が「子どもが生き生きする授業づくりをしなさい」という講義をしても、その講義自体が「生き生きした講義」になっていないために、学生の心に届くはずもありません。そして、そのことに教授自身が気づく機会がありません。高校でも研究授業というのは稀にしかなく、中学校では教科担任ということで、研究授業をしても他教科の教師はもの申さないということがあるようです。

その点からすると、小学校の教師は研究授業はたくさんあり、原則として全教科を教え、保護者の参観の機会も多く、いろいろな人からみられるので、当然授業力は伸びていくのが当たり前の状況と言えます。

しかし、小学校の教師はみんな授業がうまいかと言えば、そうでもありません。小学校の教師でも授業をみられるのを嫌う人がいます。小学校は学級担任が基本ですから、先ほどの大学の先生の講義と同じ状況になることも多いようです。自分だけの教室で自分だけの授業をやっていると、授業力は伸びていきません。

授業の力を伸ばすためには、人にみてもらう「研究授業」を行うことです。この経験が後々に大きく影響してきます。この経験をたくさんすればするほど、授業は必ずうまくなっていきます。名人と言われる先生は、本当に多くの研究授業をされています。

若いときに、どれだけ研究授業をして、どれだけ批評してもらうかによって、「授業のうまい先生」になれるかが決まってくると言っても過言ではありません。

●授業づくりと学級づくりは両輪

校内で研究授業を誰がするかを決めるときに、

「○○先生どうですか？」とたずねると、
「すみません、私のクラスは子どもたちがいまだにバラバラで学級づくりができていません。これでは授業はできないので、ほかのクラスでお願いします」という返事が返ってきました。

こんな話は、どこの学校でもあり得ることです。確かに学級づくりができていないと、研究授業はやりにくいものです。事実、授業は学級づくりに支えられている部分がありますから、この話は間違いではないでしょう。しかしそう考えて、学級づくりができていないから研究授業ができないというなら、いつまで経っても研究授業はできないことになってしまいます。だからこそ、発想を変えて、学級づくりができていないからこそ研究授業をする、と考えたらどうでしょう。研究授業をすることによって、学級をつくっていくわけです。

例えば、クラスの仲間の関係がうまくいっていないのなら、体育の時間にチームゲームの教材を使って授業を進め、子どもの心をまとめていきます。また、友だち関係で悩んでいる子がいるときは、道徳の授業でそんな教材を取りあげ、子どもの心をほぐしていきます。イライラしている子がいれば、算数の時間にその子が理解できるような展開の授業を仕組んでいきます。

「でも、そんなきれいごとを言っても、学級づくりができていないと授業はそう簡単にはできないです」と言われそうですね。そうです、うまくいきません。最初は本当に苦労します。だからこそ研究し、だからこそ子どもをもう一度みつめるようになります。その取り組みが、結局、子ども理解と教材理解を深め、楽しい授業を創り出すことにつながり、子どもの心は和らぎ、学級ができていくのです（その具体例については、第十章の「体育」の授業例を参照してください）。

名人と言われる人の授業をみに行くと、授業だけでなく、学級づくりもできていることがよくわかります。では、その名人は学級づくりをしてから授業づくりをしていったのでしょうか。そうではありませんね。その名人は授業づくりをしながら、学級づくりを並行して行っています。この「学級づくり」と「授業づくり」とはどちらが先ということではなく、学級づくりをしながら授業づくりをしていき、授業づくりをしながら学級づくりをしていくという考え方が必要です。この二つは車の両輪と言えます。

●若手教師が研究授業をするから研究会が盛りあがる

五年間の指導主事時代、いろいろな学校の授業研究会に行かせてもらいました。一番やりにくいのは、ベテラン教師が研究授業を行い、たいした授業ができていないときの事後研究会です。「ここはおかしい！」とわかっていても、教師たちはそのベテランの教師に対して遠慮して本音を出すことができません。私はわりとズバッと言う指導主事ではありましたが、やはりやりにくく感じることが多くありました。

その点、若手教師が研究授業をしたときはどうでしょう。ほかの教師からも、「ここはおかしい」「これは教えておこう」とどんどん意見が出てきます。批判もしやすいですし、授業者も素直にそれを聞き入れる姿勢を持っています。ですから、事後研究会は盛りあがります。そして、本音を言ってもらった若手教師には力がつくし、ベテランはベテランで言ったことに責任を持つため自分の授業も見直すことになり、お互いに成長するというようにいいことづくめになります。

自分の作文をみんなの前で堂々と読む２年生の子ども

ですから、「研究授業は誰がするか」と問われたら、若手教師は一番に、「私がします！」と手を挙げてほしいものです。それが自分のためでもあり、学校全体のためにもなります。

●授業づくりは「あの子の目を輝かせたい」から始める

研究授業をすることが決まると、何の教科で行うかを考えなくてはなりません。学校で決められている場合は仕方がないですが、自由に決められるのであれば、まずは自分の好きな教科で試してみましょう。そして、次の機会にはほかの教科で、その次はまた違う教科でと、だんだんと広げていけばいいでしょう。苦手な教科からしたほうがいいと言う先輩もおられますが、まずは好きな教科から取り組むのがいいと思います。そして自分ができそうな単元を選ぶといいでしょう。

教科が決まり、単元が決まったら、次にするのが授業の構想を立てることです。ここが研究授業で一番重要だと考える点になります。

まず、自分のクラスで一番気になっている子を思い浮かべます。そしてその子が、「ああ、おもしろいなあ」と目を輝かせるようにするためにはどうしたらいいかを考えます。

「あの子はこの質問にどう反応するだろう?」「あの子はこの図を理解できるだろうか?」「あの子とこの子との関係はどうなるだろう?」――そんなふうに考えながら授業を組み立てていくことが大切です。

時には「この教材はこうだから、こう進めていくのがいい」と、教材研究ばかりに目がいってしまうことがあります。また、いろいろな先生がそれぞれの経験を話してくれますが、それをただ真似するだけでは駄目です。そのやり方であの子がどう反応するだろうかと考えてこそ、初めて「私のクラスの授業」となります。

●たかが指導案、されど指導案

研究授業をする際に一番やっかいなことは、指導案を書くことです。これに大変な時間を費やされることになります。

せっかく書いても、事前研究会で先輩からコテンパンに批判され、何度も何度も書き直し、「なんで、こんなにやらないといけないのだ」「こんな時間があったら子どもたちと遊ぶのに……」「指導案なんかなくても授業はできる」と思ったものです。それに私の若いころはパソコンもない時代ですから、書き直しになると一から書き直すことになります。「この個所に『子どもは』の言葉を入れなさい」と言われたら、当時は全部消して書き直しという状況でしたから余計に大変でした。「先輩はひどいことを言うなあ」と思わず心のなかで叫んだものでした。

そんな苦労をして指導案を書き、研究授業の日を迎え、実際の授業をしても、指導案どおりにはいきません。せっかく苦労して書いた指導案も何だか無駄になったように思えて、「こんなことになるのなら、あんなに時間をかけることはなかったのに」と思ったものでした。

でも、それは無駄ではありませんでした。授業で失敗した理由がわかるからです。「ここはこう考えていたが、子どもたちの思考はこっちだった。それなら次はこのやり方でやってみたらどうだ」と、授業の進め方や子どもの気持ちがだんだんとわかるようになっていきました。指導案を書いたことによって、授業のイメージが自分のなかにしっかりできていた結果、そのズレに気づくことができるようになっていきました。普段の授業では見過ごしてしまう意見や行動も、指導案を書くことによって意識づけられていたからこそ気づくことができたわけです。

実は、指導案を書く作業をしながら、授業を見直し、子どもを見直し、自分自身を見直したりしているわけです。授業のことも、子どものことも、自分自身のことも、頭ではわかっているつもりでも、いざ書こうとすると書けないものです。しかし、苦労をしながら指導案を書くことによって、それらが少しずつ整理されていき、そこからいい授業が生み出されていくものです。指導案がうまく書けるようになったら、おのずと授業はうまくなっていくはずです。

指導案の書き方がいい加減な教師のなかにも、いい授業をする教師は確かにいます。でもその教師にも限界があります。自分の素質だけでやっている教師は必ずどこかで行きづまってしまうでしょう。

たかが指導案、されど指導案です。

●一人ひとりを生かす指導案の書き方〈その1〉——指導案の一番大切な部分は？

指導案の形式というのは決まったものがありません。学校によっても違うし、学校のなかでも教師によって違うところもあるようです。

ただ、大きく言えば、

・目標
・趣旨（児童観、教材観、指導観）（注：趣旨を「指導にあたって」「単元設定の理由」などと呼ぶこともある）
・本時の授業展開

の三つの部分は共通しているようです。

教育実習で初めて指導案を書いたときには、「目標」と「単元設定の理由」は指導書のなかに書いてある文言を抜き出しました。そして考えに考え抜いたのは、「本時の授業展開」の部分で、ここが指導案の一番大切な部分だと思っていました。

ところが、新任のときの研修で、講師の方が、

「私は愛煙家なのですが、私が指導案を書くのに要する時間の割合をタバコの本数で表すと、趣旨の部分が四十本、本時の授業展開の部分は四本ぐらいでしょう」と話されました。

それまでは本時の授業展開こそ大事だと思っていましたが、実は指導案の一番大切な部分は趣旨だったのです。このときから私の指導案の勉強が始まりました。

●一人ひとりを生かす指導案の書き方〈その2〉――趣旨をどう書くか

指導案の一番大切な趣旨の部分には、「この子どもたちに、こんな教材を使って、こんな指導をしたい」という教師の思いがしっかり書かれていなければいけません。

①児童観

そのクラスをどのように理解しているかを書きます。「全体的に明るい」「全体的におとなしい」「ほとんどの子が運動場に出て遊ぶ」などといった全体的な様子や、「一人ぼっちになってしまう子も何人かいる」というあいまいな表現だけでは、具体的な子どもたちの姿はみえてきません。全体的な傾向だけではなく、具体的な行動の様子やその子どもを書かなければ、本当の姿はわからないものです。それができてこそ○年△組の指導案になるわけです。どこのクラスでも通用する児童観は、本当はどこのクラスでも通用しないものです。

気になる子を書くことによって「この授業をどうしたいのか」がわかってきます。その子をみようとするから、その周りがみえてきます。注意を個に向けることによってこそ、全体がみえてきます。実は全体をみるということは、誰もみないということです（児童の様子が詳しく書かれていても、その実態と授業の関連がなければいけません。国語の指導案に、国語の授業とは関係ない実態がいくら書かれていても駄目ということです)。

②教材観

単にその教材の説明をするのではなく、その教材とクラスの子どもがどうかかわることができるのかを書きます。この教材の内容はこうであるが、クラスのあの子がこの教材を使うことによって、こんな心の揺れが起こるであろうということが書かれていることが大切です。「この教材はこんな点で子どもを生かす。だからこの教材を使っている」というのが教材観です。

③指導観

この子どもたちを、この教材で、「どう指導するか」を、具体的な手だてを含めて書いていきます。特に児童観に書いた「気になるあの子」の心をどういう手だてで揺らすのかをはっきり書くことが大切です。「この場面では、子どもたちに意見を言わせたい」と書いても、その「言わせる手だて」が書かれていないと実際にうまく言わせることはできません。結果的にうまくいくかいかないかはともかく、自分が授業でこうするという具体的な指導の手だてを書くことです。

指導案の一例を１３６ページに紹介していますので、参考にしてください。

研究授業をみるポイントは？

● とにかくたくさんの「授業をみる」こと

研究授業が行われているのが、校内でも校外でも、自分の足でみに行きます。

● 授業の名人と言われる人の授業は、何があってもみに行く

そんな先生の授業は何度でもみに行くようにします。静岡の築地久子先生の授業は、公開が二校時だったら、朝の会から教室に行かないと教室ではみられません。せっかく静岡まで行ったのだから、絶対に見逃してはならない。もし出張旅費が出なければ、自費でも、休んでも行きます。自費で行ったら、その覚悟でみるので必ず身につきます。

● 研究発表会に行ったら、どの授業をみるか？

とりあえず自分の学年の授業をみようと思っていたら、力はつきません。その学校で一番いい授業をする先生を教えてもらいましょう。一番混んでいるところを参考にするのも一つの方法です。

● 校内での研究授業を後ろで座ってみるのは、最悪の見方

あなたは先生の顔をみたいのですか？　先生の言葉かけや表情と、それに反応する子どもの言葉や表情をぜひみてください。ですから授業は、横か前からみるようにしましょう。

また、教室には一番に行って、最後に帰ります。できれば、休み時間から行っておくのがベストです。

● 研究授業で何をみるか？

どこで子どもの目が輝いたでしょうか？　どこで子どもの心が揺れていたでしょうか？　また、授業をみていた自分自身の心が揺れたのはどの場面でしたか？　授業のなかでは、子どもの変化や変容に目を向けてください。全く心が揺れない授業は……、ひと言で言えば「失敗！」

●授業の何を記録するのか？

教師の発問から子どもの発表まで全部記録しても、結局あとでみることはありません。

指導のなかで子どもの心が揺れたところを記録し、そしてなぜ揺れたのかをあとで分析します。逆に、揺れなかったところを記録し、分析します。これが研究会の記録の仕方です。

また、子どもの心が揺れた展開や発問は参考にしたいものです。そんな授業ができる先生には、そのコツをあとで教えてもらいましょう。しつこいぐらいに教えてもらいます。そして、そのコツをひそかに盗むことです。

忘れられない思い出⑥

最後の授業

三月になると思い出す授業があります。それは、三年生、四年生と二年間を一緒に過ごした子どもたちとの思い出です。

四年生ももうすぐ終わるころで、最後の体育の授業というときです。子どもたちから、「先生、今日は最後だから私たちの好きなようにさせてください」と申し出があり、好きなようにさせることにしました。私は、ただじっと様子をみているだけでした。子どもたちは、マット、跳び箱、セーフティマットなどをせっせと出し、何かを始めようとしていました。

大きく二つの輪ができ、声をかけ合いながら何やら始まりました。その輪のなかには、恵美と優子(ともに仮名)がいます。二人とも跳び箱が跳べない子でした。クラスのなかでこの二人だけがまだ跳んだことがなかったのです。その二人に、みんなが声をかけ、励まし、支え、一緒になって跳び箱に取り組んでいます。私はこの光景をみただけで、胸が熱くなってしまいました。

「支え合う仲間」を学級目標にしてがんばってきた二年間です。それまでいろいろなことで協力し合ってきました。苦しいことも一緒になって乗り越えてきました。その子たちの最後の授業がここにありました。

そして、私がいくらがんばっても跳ばすことができなかった二人が、跳び箱をフワッと跳びました。そのときのみんなのうれしそうな顔は、忘れることができません。

三月二十五日、修了式の日、みんなの小さな瞳から大粒の涙がこぼれました。

で一人になったりすると、とたんに元気がしぼんでしまうのである。元気なのだが、堂々と自分をうまく表現できないのである。

この子たちの元気のよさを生かしながら、生活に張りを出させ、落ち着きのある生活をさせていきたいと考えた。そこで、クラスのめあてとして「おもいきりやろう」「なかよくやろう」「考えてやろう」を打ち出し、その頭文字をとって「おなかの力でがんばろう」を合言葉に１学期をスタートしていった。

「なかよくしよう」はクラス替えの子どもたちにとっては、うれしい反面なかなか大変なことである。はじめはどうしても仲のよい友だちと話すことが多いのに、先生から無理やり知らないもの同士の班にさせられたり、給食は仲よくしなさい、掃除は協力しなさい、と言われてもそれは窮屈なものでしかないのである。そんななか、「先生、あの赤い服の男の子にいじわるされた」と名前もまだ知らない子からのいじわる、またドッジボールに寄せてくれない、後ろから押された、ほうきをとられた、など友だち関係のトラブルがたくさん出てきたのである。そのうえ、私自身が早く何とかしたいとあせる気持ちがよけいに子どもをガサガサさせていたのである。

２学期に入り、「なかよくする」を具体的な行動を通して理解させようと試みた。たとえば、給食のときに牛乳をこぼしたときの周りの子の行動を通して「やさしさ」を教え、算数の時間にはわからない子のそばに行き「共に伸びる喜び」を感じさせ、体育の時間には、準備・あとかたづけを通して「協力する」ということを体で覚えさせていったのである。子どもたちはこうした行動を通して「なかよくする」ことを実感し、どう行動していけばいいかを学んでいき始めたのである。また、「花さき山」や「モチモチの木」などの優しさを主題にした本の読み聞かせをしながら、子どもたちの心を少しずつ耕していった。

このような取り組みをしていく中で、子どもたちは友だちを仲間として意識し、クラスがまとまり始めたのである。

このクラスの具体的な取り組みの様子

このクラスの気になる子の様子

Ａ男は、１年生のときにいろいろトラブルを起こした子である。そのことを知っている子は、はじめからＡ男から距離をおき、また親の中には「Ａ男は…」と偏見を持っているものも少なくはなかった。Ａ男は気にいらない子には「おまえ、しばくぞ」とおどしたり、暴力

※139頁に続く

◆学習指導案をどう書くか（例）◆

第２学年３組　道徳（人権）学習指導案

指導者　仲島正教

２年生全クラスがするとしても、この指導案はこのクラスの実態に合わせてつくるものだから、必ずクラス名も入れたい。１組も２組も３組も指導案は違って当たり前のはず

１．日　時　1997年２月20日(木) ５校時(13：40 ～ 14：25)
２．題　材　お山の汽車ポッポ（「ともだち」より）
３．指導目標　・みんなで遊ぶことの楽しさに気づき、ともだちをたくさんつくっていこうとする心を育てる。
・優しい行為は周りの人の心も優しくすることを知る

指導書の目標をそのまま写すのではなく、この子どもたちをこのように変えたいという担任の気持ちが入った目標にする

指導案の一番大切な部分はここである。ここに、この子どもたちにこんな指導をしたいという教師の思いが書かれなければならない。こんな子どもたちだから（児童観）、こんな教材を使って（教材観）、こんな指導をしたい（指導観）と、筋が通るように書く

４．指導にあたって

〔児童観〕

児童観は、このクラスの子どもをどのように理解しているかを書いていく。「全体的におとなしい」とか「自分から進んでできない子が多い」「ひとりぼっちになってしまう子も何人かいる」というような表現だけでは、具体的な子どもの姿は見えてこない。具体的な行動の様子やその子どもを書かなければ、本当の姿はわからない。「このクラスの児童観は指導案を書く際にほかのクラスの場合にも使える」では駄目だと思う。この児童観を読めばそのクラスのことがよく理解できるようなものにしたい

この子どもたちは、１年生のときに５クラスだったのが、児童数減により４クラスになった学年である。したがってクラスの人数は40名、そしてクラス替えにより新しい仲間とのスタートであった。当初の子どもたちの印象は「とても元気がいいのだが、それが落ち着きのなさにもつながっている」ふうに見えた。事実、始まってみると自分のことしか見えず、人の話を落ち着いて聞けない子が多く見られた。また、その元気さもざわざわした中での元気さであって、みんなの前

け、体をあたためていく。そしてきつねもその仲間に入れてやるのである。いじわるをされたら、いじわるの仕返しをする「目には目を」ではなく、いじわるに対して優しさで接していくさるたちに、これを読む子どもたちの心は、きっと揺さぶられるに違いないだろう。

２学期に「橋のうえのおおかみ」という学習をしてきた。あの中でも、いじわるなおおかみに対して、くまさんが優しさで返していき、それをされたおおかみが変っていくという話であった。

子どもたちはこういう話を読むと、必ず自分の生活ともだぶらせていくものである。あのとき、ぼくもおさるさんのようなことをされた、ドッジボールをいつも独り占めされて全然使わせてもらえなかった、遊びの仲間に入れてもらえなかった、などと話を読みながら、一方では自分の生活体験も浮かんでくるのである。きっとＡ男やＣ子の顔が浮かぶ子も多いだろうと思う。

いじわるに対して優しさで接していく、これは子どもたちの実態と違うことが多いだろう。だからこそ子どもの心が揺さぶられるのである。素直な心の低学年の時期にこういう優しさの本質にせまる話を学習することは、子どもたちにとって、非常に有意義なことだと思う。

この教材の核となる部分について

同和問題を考えるとき、「部落の人が変わってくれなきゃ」「私は何も悪くないから、相手の人が変わらないと」と相手のせいにすることがけっこう多いのである。まず自分が「変わらなきゃ」だと思う。

〔**指導観**〕

指導観は、指導のポイントを書いていくが、このクラスの子全体や気になる子とどう関わっているかを書きたい

この学習では、この話を通してどれだけ自分の生活にもどれるか、どれだけ自分の本音を語れるかが大切なポイントになってくると思う。そのために「もしわたしだったら」という立場で考えさせるのを主にしていきたいと考えている。

第一場面（きつねがたき火を独り占めにして、さるたちにあたらせない場面）では、自分がおさるさんだったら、どう思うのかをできるだけたくさんの子たちに発表させていきたい。いじわるされた子の悲しみを思い切りここで出しておくのである。そのうえで、このおさるさんがとった行動について考えさせたいと思う。

第二の場面（さるたちが楽しそうに遊んでいる場面）では、楽しく遊

※141頁に続く

をふるうこともあり、当初はなかなかクラスの輪に入りにくいところがあった。しかし、クラスの中には B 子のように A 男の悪い面だけを見るのではなく、いい面をよく見てくれる子もおり、それが A 男の支えにもなっていたと思うし、ほかの子たちにも影響をおよぼしていった。また、A 男のことを理解してくれる親もだんだん増え、A 男の顔がすこしずつ和らいで見えるようになってきた。

C 子は女子の中では気の強いほうで、自分の思うようにしようとすることがあり、「C さんに○○された」などとよく聞くことがあった。C 子に対しては、はじめのころは叱ることが多く、なかなか表情がよくならなかった。が、2 学期後半の係活動の中で、C 子が活躍しはじめ、これをきっかけにほめることが多くなり、表情もよくなりはじめた。

A 男と C 子は、このクラスの仲間づくりを考えるときに、真っ先に思い浮かぶ子たちである。

> この授業の中で考えていきたい子（個）である。気になる子の様子を書くことによって、この授業でどうしたいかを考えられるようになってくるはずである。全体的に子どもを見るのではなく、個に目を向けることによって、個から全体をみるのである。全体から個をみる方法もあるが、個から全体をみるとより理解が深まると思う

〔**教材観**〕

人権教育は「道徳の時間における人権学習」だけでなく、ふだんの生活でこそ大切にしなければならない、と言われている。ふだんの生活で大切にすることによって、人権学習が生き、また逆に人権学習を大切にすることによって、ふだんの生活が生きるのである。人権学習とふだんの生活は、人権教育の両輪である。

人権学習とは、それらの生活の中でおこったことやおこりそうなことを教材として取り上げ、子どもと共に考え、どのように生きていくかをいっしょに考える時間のことなのである。特に低学年は自分の生活と密着したものや、イメージがわきやすいものを教材としてもってくるのが望ましいと思われる。

> 人権教育について

> 教材観は、この教材と子どもの生活や気になる子どもとの関連を書く

今回の「お山の汽車ポッポ」は、いじわるなきつねが、たき火を独り占めにして、さるたちにはあたらせない。しかし、いじわるをされたさるたちは、きつねを責めるのではなく、自分たちで楽しみをみつ

6．本時の学習展開

児童の活動	教師の働きかけ	備考
1．全文を読み、話の大筋をつかむ	・ペープサート等を使い、子どもたちが理解しやすいようにする	ペープサート
2．第一の場面について考える ⑴いじわるきつねに対して ・もし私だったらどうしたかどんな気分だろうか	・自分の体験を思い起こさせ、考えさせる。できるだけたくさんの子の意見を出させる	第一の場面の絵
3．第二の場面について考える ⑴さびしそうなきつねに対して ・もし私だったらそんなきつねの姿を見てどう思ったか	・汽車ごっこをうらやましそうにながめるきつねを見て、自分はどう思うだろうかを考えさせる	第二の場面の絵
4．第三の場面について考える ⑴仲間に入れてと言ったきつねに対して ・もし私だったらどうしただろう ⑵仲間に入れたさるたちに対して ・私はどう思うか	・自分の生活とダブらせながら、本音を出させていきたい。C子にはぜひ発言させたい ・私の行動との違いをわからせ考えさせる	第三の場面の絵
5．おさるさんに手紙を書く	・おさるさんに言いたいことを書く	

展開では
◎自分の生活とダブらせるようにしたい
◎子どもの心の中に、ズレがおこるようにしたい（心の揺れ）
・自分の考えや行動がちがうこと
・友だちの意見がくいちがう　・先生の考えとちがう
・自分が思ってもみなかったこと
「えっ！」「なんで！」「そんなんちゃう！」「おかしい！」

と思わせて本音を引き出させたい

ぶ自分が、向こうでひとりさびしくこちらを向いているきつねに対してどう思っているかを考えさせたい。ここでもおさるさんの気持ちになるのではなく、わたしだったらどう思っているかを言わせたいと思う。

第三の場面（さるたちがきつねを仲間に入れてやる場面）でも、まず自分だったらきつねを入れてやるのかを考えさせていく。いじわるに対していじわるで対抗する自分に気づかせるのである。そして、最後に自分の気持ちとさるの気持ちの違いを考えさせていくのである。

気になる子と教師との関わり

「もしわたしだったらどうするか」を考えていくうえで、子どもたちは必ずふだんの生活とダブらすだろう。名前は出さなくとも A 男のことや C 子のことは出てくるにちがいないし、ほかのクラスの子や上級生のことも出てくるだろう。このとき、「わたしは悪くない」という立場のはずである。その気持ちが、第三の場面のおさるさんの言動を考えながらどう変わっていくかがこの学習のポイントであると思う。

B 子に対して A 男がいじわるをしないのは、B 子が A 男のことを許し、認めているからである。A 男が B 子の妹（赤ちゃん）をかわいがったり、B 子の母親に優しいのは、A 男が優しさを受けているからである。C 子にも同じようなことがいえる。

教師の指導の姿勢・願い

クラスの中には、どこでもたいへんな子がいるものである。その子が悪いことを繰り返すと、まわりの子はよけいにその子に対して不快感を持ってくる。そして悪循環が始まるのである。その悪循環を断ち切るのは「優しさ」だと思う。この「優しさ」を今回の授業の中で考えてみたいと思っている。A 男や C 子に変わってほしいというより、まわりの子が変わってほしいというのが私の願いである。それがお互いに優しくなれる道だと思っているからである。もうすぐ３年生、新しいクラス、新しい仲間の中でも「優しさ」を発揮し、楽しい生活を送ってほしいと思う。

５．指導計画（全１時間）

・自分の気持ちとさるたちの気持ちを比べ、優しさについて考える。

第7章
「学級通信」のすすめ ―― 子どもが輝く学級通信

学校現場にいた二十一年間すべての年、
学級通信を出してきました。
一年間毎日発行し続けた年もあれば、
たった数号しか出せなかった年もありました。
私にとっての学級通信は、
学級づくりはもちろんのこと、
授業づくりをはじめ、
子ども理解、保護者理解につながるものであり、
教師としての足跡でもありました。

●学級通信の題名を考えることからスタート

まずは、学級通信の題名を考えることからスタートです。

「もうすぐ新学期だ。このクラスにはどんな題をつけようかな。さあどうしよう」

始業式前の数日間、こうやって学級通信の題を考えるのはとても楽しくて、ワクワクする時間でした。

ああでもない、こうでもないと悩みが続きます。もちろん先生のなかには、初めは無題で発行しておいて、題はそれから子どもたちと一緒に考えていくという方もいます。それはそれで一つの方法としていいと思います。しかし、いろいろな方法がありますが、題にはやはり願いを込めて決めたいものです。

例として、私がつけてきた題とその願いを紹介したいと思います。

「きかんしゃ」……小さいころから鉄道ファンだったので、新任一年目はこの題にしました。「この学級の機関車に乗って、みんなで一緒に歩もう」という願いを込めています。いまでは機関車という言葉自体をあまり使いませんが、当時としてはポピュラーな題でした。

「友だちだから」……『友だちだから』という歌がとても好きで、この歌詞のようなクラスにしたくてつけました。もちろん『友だちだから』は学級歌でした。歌の名前をそのまま持ってきて、それを学級歌にすることがよくありました。

「みんななかよし」……初めての一年生担任のときの題です。意味はこの題のとおりです。一年の子にとっても大変わかりやすい題だったようで、好評でした。終わりの会で「先生、今日は『みんななかよし』配らないの?」とよく聞かれました。とても楽しみにしてくれていました。

「ポコアポコ」……初めての高学年担任でした。「ポコアポコ」とは音楽の楽譜に使用される用語で、「少しずつ」という意味です。何でも少しずつ少しずつ進めていこうという願いでした。

「たいようの子」……灰谷健次郎さんの『太陽の子』(第一回路傍の石文学賞)に感動して、そのまま題にしました。私は胸に太陽が大きく書かれたTシャツを身にまとい、教室の上には大きな太陽をつくり、「たいようの子」という歌(作詞が私で、作曲は音楽の淡井先生)をつくり、みんなで明るく元気に過ごす学級をつくっていきました。

「ふれあいとチャレンジの1年B組」……とても長い題ですが、その意味はよくわかりますね。高学年であれば、長い題なので省略して言いそうですが、一年生は素直なので、私がそう言う限り子どもたちも「先生、『ふれあいとチャレンジの1年B組』が一枚足りません」と言いにきたものです。

「コンチェルト」……またまた音楽用語です。協奏曲のことです。一人ひとりがそれぞれの音色を出しながら、すばらしい学級の演奏をしようと呼びかけました。

「パスカル通信」……五年生の担任のときです。「人間は考える葦《あし》である」というパスカルにあやかって、「考える五年生」の願いを込めてつけました。子どもたちには最初はなぜ「パスカル」かを言わなかったのですが、子どもたちは自分たちで調べてきましたね。まさしく「パスカル」でした。

「天使の羽のマーチ」……これも歌の題名そのままです。腕白でもいいから、伸びやかに生き生きと生活してほしいという願いでした。そのとおりの子どもたちに成長していってくれました。

「ワクワク」……正確には「ワークワーク」といいます。「ワーク」とは勉強や仕事のことですが、それらをワクワクしながらやってほしいという願いです。これは学級通信だけにとどまらず、ワクワク遠足、ワクワク修学旅行、ワクワク研究と、いろいろな行事の冠にも使うようになりました。

「両手を高く」……これも学級歌と同じになっています。「♪両手を高く差し上げて青空に向かってジャンプしよう……」と毎日歌っていました。三学期に転校する子のお別れ会の最後にこの歌を全員で歌ったとき、その子は前奏が鳴ったとたん大粒の涙を流しました。

「よい41倶楽部」……世間でプリクラが大流行した時期の四年生の学級通信です。「よい」はよいクラスに「41」は四年一組と私の年齢四十一歳を表しています。少し変わった題名は子どもたちにも親たちにも人気がありました。

「キラリ」……題の名のとおり、一人ひとりがキラリと光り、クラス全員の光になっていってほしいという願いを込めました。

●どんなことを書くのか

学級通信にはどんなことを書くのか？　それは決まっていません。何でもいいのです。行事予定から、お知らせから、記録からと何でもいいのです。

新任のころ、教育雑誌などに載っている学級通信の見本をまねて書いていました。季節のあいさつ、行事予定、カット…と書いていましたが、なんとなく「お知らせ通信」的な感じから抜け出せずにいました。また、一枚完成させるのに結構時間がかかり、なかなか号数は増えません。それに、苦労しているわりには子どもたちの反応はもうひとつという感じでした。何が足りないのか、どうすれば子どもから「ヤッター、学級通信だ」と言ってもらえるかを考えていきました。

それは、子どものことを書くということでした。行事だけでなく、その行事で子どもがどうしていたとか、子どもの感想はこうでしたというように、直接子どもが登場する学級通信にしました。そうすると、子どもも親も興味を持って読むようになりました。

学級通信には子どもの名前をそのまま入れて書いていきました。名前を書くのはプライバシーにかかわるという意見もありますが、それは内容によりますし、普段の生活のいいところを載せるので、特に問題はないと思います。名前を出すことによってよりリアリティも出て、本人も親もうれしく思うはずです。もちろん名前が出てくる子が片寄ってはいけません。絶対に均等というわけにはいきませんが、名前が登場した子はチェックしておいて、できるだけ多くの子が登場するようにしますが、時には全員の感想やコメントを載せる号もつくります。例えば、「二学期のめあて」とか「給食ひと言感想」などの号をつくり、全員を載せていきます。こうやって名前を気にして載せることが、実は普段あまり気にとまらない子の行動をよくみるきっかけにもなります。

私が書いていた学級通信の例を出してみます（ここに出てくる名前は、すべて仮名にしてあります）。

《例1》二年四組　学級通信第119号　十月十五日より

やさしい風がふいています

○昼休み、給食当番がかたづけ忘れていた牛乳ビン、ご飯の容器に気づいた藤本君、本馬君、井上さん、伊東さんが持っていってくれました。「ぼくが行ってくる！」と明るく元気な声で持っていってくれたのです。気持ちのいい風がふきました。

○図書の時間が終わりました。藤本さんはみんなのイスをきちんと入れてくれました。佐野さん、近藤さんはほったらかしの本をかたづけてくれました。次のクラスの人はきっといい気分で図書室に入ってくるでしょう。

○給食の時、河村さんが牛乳をこぼしました。するとまわりにいた高井さん、加瀬さん、嶋田君がそれをふいてくれました。友だちのおかげであっという間にきれいになりました。

○上田さんは、トイレのスリッパをはきやすいようにそろえてくれました。トイレのスリッパがそろっていないと気持ちが悪いものです。上田さんはそのあと給食当番も手伝っていました。

気持ちのいい風、力を合わせる風、きれいな心の風、そしてやさしい風がどんどんふいてほしいですね。

このように、子どもの生活のいいところだけをピックアップしてそのまま書き出します。文の初めに季節の言葉を入れたり、カットを入れたりすることよりも、子どもの行動や文を入れることです。そうすれば、子どもたちは読みたくなります。「次は誰のことが出てくるのかな？」「今度はぼくが載るかな？」なんて思いながら読みます。

《例２》二年四組　学級通信第１７８号　十二月二十一日より

先生、ちょっとおくれてきてよ

20日（金）１時間目が終わり「次は算数だよ」と先生が言うと、算数係の河村さんが「先生、２時間目はちょっとおくれてきてよ。わたしたち算数係が勉強しておくからさ」と言いました。

そしておくれること10分。２年４組の教室では、算数係の藪本君、志田君、河村さん、松田君、高田さん、鈴木さん、近藤君が前に出て、九九の練習をしていました。

３時間目国語。先生がおくれること五分。２年４組の教室では、国語係の長田君、佐藤さん、倉田君が前に出て、漢字の練習をしていました。先生が教室の後ろからそっと入ったのも気づかない人がたくさんいました。

「自分たちでできるよ」と思ってやれる人がふえてきたのは、すごくうれしいです。

・わたし、田中さんにうんていを教えてもらったら、うまくできるようになったよ（太田）

・算数の時間にわからないところを山下さんが教えてくれたよ（中田）

・漢字の勉強を友だちとやったら楽しかったし、よくおぼえられたよ（大川）

・ボールの投げ方を、小垣くんが教えてくれたよ（新保）

先生のいないところで、自分たちで支え合って、みんなは伸びているんですね。これは「本物の力」がついてきたということです。

このように子どもの具体的な生活場面を書いていくと、子どもたち自身も「僕らはなかなかなもんやね」と自信を持ち、自尊感情が高まっていきます。また、親にも学級での様子を理解してもらえ、子どもたちの成長ぶりも感じてもらうことができます。また、ここでの文章を通して、こんな子どもになってほしいという教師のメッセージが込められていることも理解してもらえます。

この例2を読むと、授業に遅れていく教師なんてもってのほかと、叱られそうですね。でも、そのことによって子どもたちが自分たちで動けるようになるのなら、これも立派な指導です。

私はわざと遅れることを時々やっていました。私のクラスの真骨頂は、私の出張のときに出てきます。教師がいなくても自分たちで学習できる、そんな子どもたちに育てていました。それが私の言う「本物の力」につながっていくのだと思います。

●学級通信を「書くこと」によって、子どもに「気づく」。そして子ども自身もそんな自分に気づきます——子どもに気づく教師のアンテナ

「とにかく子どものことを書け」と言われても、最初は書けないものです。でも書かなければ、ずっとずっとその状態は続いていきます。書こうとするからこそ、子どもを普段よりしっかり観察し、いいところを見つけることができます。

こんな言い方をすると、学級通信を書くために子どもを観察するのかと言われそうですが、そのとおりかもしれません。でも、これが子ども理解の一つの手段になります。ですから、とにかく書いてみる

ことです（第八章「書くことのすすめ」も参考にしてください）。

先ほどの「牛乳をこぼしたときに拭いてくれた仲間」のことを例に出すと、学級通信に載ったことで、かたづけた子どもたちは「かたづけてよかった。役に立ててよかった。私はやさしいなあ。そんな自分が好き」と思えるようになります。その場での教師からのひと言もうれしいものですが、あとには残りません。学級通信に書いてあれば、よかったことがずっと残ります。家に帰ると、それを読んだお母さんやお父さんにほめられ、今度は違う日におじいちゃん、おばあちゃんにほめられたりします。

また、クラスで学級通信を読み合うことによって、友だちの行動に気づき、これから自分はどうするのがいいのかを考えるようになります。「仲よくする」とか「支え合う」ということを具体的なものとして理解するようになります。やがて、「私たちのクラスは、なかなかいいじゃん」というふうに、自分のクラスを好きになっていきます。

文字に残る、記録に残るということは、多大な影響があるものです。

●学級通信を長く続けるコツは？

「学級通信を出したけど、一年間でたった十号だった」「○○先生みたいに百号も出せないよ」と嘆く先生がいますが、長く続けるコツを挙げていきましょう。

・書く用紙を小さくする……B４でなく、B５、A４サイズでいく
・季節のあいさつなどの前文は省略……すぐに本文に入っていく
・カットは入れない……時々子どもの絵を入れるぐらいで、カット集は使わない

・思いついたらすぐに書く……「明日書こう」「今度書こう」は続かない。必ずそのときに書く
・思いつくまま、箇条書き形式で書くと簡単……話題はバラバラでも大丈夫
（148ページの例1は、まさにそんな感じで書かれたもので、思いついたことを箇条書きで書いているだけです。）

一枚の学級通信のなかにいろいろな話題があってもいいでしょう。最初はきれいな文章にしようと思わずに、思いついたことをどんどん書いていきます。

私の場合、学級通信の題が貼ってあるB5の用紙を常にそばに置いていました。ですから、子どもが帰ったあと、その用紙にすぐに書くことができました。また、あるときは給食を早く食べてすぐに書いたこともありました。自宅にも用紙があるので家でも書くのですが、「家に帰ってから書こう」と思うときに限ってしんどくて「今日はいいや」とやめてしまうこともありました。

ですから、書くことがあるときは、とにかくすぐに書き始めることです。いったん書き始めると、不思議なほど書けるものです。さあ、まずはペンを持ちましょう。

●学級づくりと学級通信

四月から五月にかけての学級通信は、「こんな学級にしていきたい」というメッセージが込められたものにしていきます。こんな出来事が人を温かくするとか、こんなふうに行動していくということを例を出しながら書いていきます。すると、子どもたちはだんだんその方向へ向かって行き始めるものです。

よい41倶楽部《くらぶ》

高須南小
4年1組
学級通信
1997年
4月24日(13)

学級のめあては、支え合う仲間です。

◦きのう、こんなことがありました。

吉川君が、足がいたいとうったえて給食当番ができるかどうかわかりませんでした。すると、西保君がいやな顔ひとつせず、吉川君のかわりにエプロンをつけて給食当番をしてくれました。うれしいなぁ〜。

◦この前、楠さんがお休みした時、「連絡帳持っていってくれる人？」って先生がきくと佐野さんが前にきてくれました。「じゃこれ持っていって」と言うと「先生、楠さんのおうちを教えてください」と佐野さんが言うのです。「私、知らないけど教えてもらったらさがして行ってきます。」と言ったのです。4月は、組がえで知らない友だちがたくさんいる中、こんな言葉は、とっても助かります。うれしいなぁ〜

◦体育の時間、班《はん》ごとにマットを出しました。班の5人で力を合わせて運びました。その様子を先生は見ていたのですが、最後になった2つの班は、5人ではなく8、9人でそのマットを運んでいるのです。なんと、はじめに運び終えた班《はん》の人たちが、あとの班の人たちの手伝いにいってくれていたのです。うれしいなぁ〜

◦給食準備の時、2組の木村先生が出張のためいらっしゃらなかったので、先生は、2組に行っていました。そのあいだ1組のみんなは、自分たちで準備をしていました。とっても助かりました。うれしいなぁ〜。

※「よい41倶楽部」４月８日(2)号は103ページ参照

よい41倶楽部《くらぶ》

高須南小
4年1組
學級通信
1997年
5月1日(19)

思うだけでは　何も変わらない。

動いてみること、そこから　何かが　変わりはじめます。

○わたしたちは、○○してみたい　とか　○○すればいい　とか　○○したら　どうかな　などと　いろいろなことを思い、考えます。思わないより　思う方が　いいでしょう。でも　思うだけでは　何も変わらないのです。

○算数の時間、黒板に問題が書かれました。みんなが問題をときはじめました。そして　できた人が　何人も　あらわれました。「まだできていない友だちを教えに行こうかな」と思った人も　いたようです。「わかる子もわからない子も　いっしょに考えて　伸びていくのが　いいなあ」と思っていた人もいたようです。でも思うだけでは　状況《じょうきょう》は　何も変わりませんでした。数分後、一人の子が席を立ち　ある子のそばに行って　いっしょに問題をときはじめました。すると　ほかの何人かも　席を　はなれ、友だちの所へ教えに行きはじめました。クラス中が　支え合う仲間になりました。「支え合うことは大切」と　心で　わかっていても、それが　行動　できないと　わかったとは　いえないのです。

○代表委員を決めました。武田さんと　加茂君が　手をあげて　立候補《りっこうほ》し、2人が　することに　なりました。手を　あげなかったけど「やってみたい」と　思っていた人も　いたと思います。でも　思うだけで　動く(→手をあげる)ことが　できなかったので、何も変わらなかったのです。

○「思う」から「動く」に　うつる時、小さな勇気がいります。この勇気を出すことを「**チャレンジ**」というのです。　ちょっと　むずかしい、ちょっと　はずかしい、ちょっと　しんどい…そんなことに　心と体を　動かすことが「**チャレンジ**」なのです。　「動くこと」ここから　スタートです。

よい41倶楽部《くらぶ》

高須南小
4年1組
学級通信
1997年
5月8日(22)

学習

学習とは　自分がするもの。
　　　　　自分たちがするもの。

まず　とにかく　やってみることだ。
そして　わからないことに　ぶつかることだ。
　　　わからないことに　ぶつかったら、
　　　もう1回　やってみるんだ。
　　　いっぱい力を出し、いっぱい考えるんだ。
　　　ああしたらどうだ、こうしたらどうだ、
　　　いろいろ工夫し、調べ、話し合ってみるんだ。

すると　新しい発見に　出あうはずだ。
　そして　また　チャレンジしていくんだ。

　これが　学習　なんだ。

この学習を　支えてくれるのが仲間だ。
　それを　応えんしてくれるのが　先生だ。

　　そして　みんなが　いい顔に　なっていくんだ。

※ 5/8 国語、自分たちで、少しだけど"学習"が始まりました。

よい41倶楽部《くらぶ》

高須南小
4年1組
学級通信
1997年
5月14日(25)

「男女 仲よくしよう！」とは、言うけれど・・・

。「どんなクラスにしたいか」「どんなグループがいいか」ときいていくと「男女が仲のよいクラスに」とか「男女協力《きょうりょく》するグループに」などという意見がよく出ます。

。きのう、ランチルームで給食をしました。班《はん》ごとにテーブルにすわりましたが、ただ1つ5班《はん》だけがすわり方がほかとちがっていました。5班の人たちは、男女交互《こうご》にすわっていたのです。先生が「このすわり方は、意識《いしき》してしたの？」ときくと「うん、意識してやった」と答えました。　ほかの6つの班は、すべて男同士《どうし》、女同士《どうし》がかたまっていました。

。男女は、何も言わなかったり、何も意識しないでいると、別々になることが多いようです。「男女仲よくした方がよい」と思っていても、意識して動かないと、けっきょくは別々になってしまうのです。

。4月から先生が言い続けていることに「とにかく動くこと」というのがありますが、男女仲よくするためには、そうするように行動することから始まります。

。「支え合うクラス」は、必《かなら》ずといってほど男女は仲よく協《きょう》力できています。そうなるには、まずは〝意識して動く〟ところからです。男女仲よくするためには、どう動いたらいいのか、よく考えてみてください。金曜日は、いよいよ遠足です。どんなグループ行動をするのか楽しみです。

。〝意識して動く〟ところから始まり、〝意識しないでも動く〟に行きつけばそれは、本物の力になったといえるでしょう。

よい41倶楽部《くらぶ》

高須南小
4年1組
学級通信
1997年
6月18日(45)

リレーの学習も 支え合う仲間

この前の体育の時間に「リレー」をやりました。先生は、その様子をじっと見ながら すばらしい仲間を発見しました。

- 松浦さんから西俣君へ バトンパスがされました。同じ班《はん》の森本さん、吉川君、寺前さんは、すぐ横に立ち「走れ！」の声を出し、そのあと その2人に「バリ、うまい！」とすごくほめていました。この声は、「天の声」です。
- 山口さん、山下さん、佐々木さん、竹田君、高住君の班。この班は、トラックの1/4ほどを使って、工夫《くふう》した練習《れんしゅう》をしていました。山口さんから竹田君へのバトンパスの時、それを見ている3人の頭が同時に左から右へと動いていきました。つまり、5人の目が同時に同じ所に集まっていたのです。そして「チョーはやい！」の声。5人の心がひとつになっていました。
- 桑原君から前上君への バトンパス。同じ班の宮田さんは、それをじっと見つめていました。もう一人の福本さんは、桑原君のうしろから いっしょに走り出し、バトンパスを自分もいっしょにやっているように横を走り、パチパチとはく手をして走りながら ほめていました。じっと見つめてくれる友だち、そして いっしょに走ってくれる友だち。やっぱり 友だちっていいものです。よいチームになってきました。
- 前田君、スタートしてまもなく、いっしょに走っていた友だちとからんでしまい スッテンコロリンとこけてしまいました。とってもいたそうでした。でもみんなの「がんばれ！」の声に泣きたいほどのいたさをがまんして さっと立ち上がり全力で走り出し、バトンパスをすませ、またバタリ…。その根性《こんじょう》に ほかの友だちが「あいつスゴイ、ようがんばっとる」 そのあと みんなが前田君のキズをみてくれました。

（支え合うリレー その1 おわり）

忘れられない思い出⑦

だいじょうぶ、あとはまかせて

この話は、私の子どもが保育所に通っていたときのことです。

私たち夫婦は、ともに小学校の教師をしていました。二人の子どもを0歳児から保育所に預けて仕事をしてきました。子育ては二人で力を合わせてやってきたつもりです。子どもが病気になると、そのときは夫婦交代で休むしかありませんでした。

学校を休むと、クラスの保護者の一部から非難が出ました。特に、男の私には、

「なぜ、男の先生が休むの？」「お母さんが休めばいいのに」。もちろん、妻も交代で休んでいました。

ある日、授業中に保育所から私に電話が入りました。二歳の娘が熱を出しているので、迎えに来てほしいというものでした。

私は困ってしまいました。いま帰ったら、また非難される、そんな思いがかけめぐりました。

すると、クラスの子どもたちのなかから、

「先生、迎えに帰ったりよ。かわいそうやん」という声が出ました。私は躊躇しつつ、その声にあと押しされながら、教室をあとにしました。すると、後ろから、

「先生、だいじょうぶ。あとはまかせて」

かおりが、大きな声で叫んでくれました。

涙が出るくらいうれしくて、ありがたいひと言でした。そして同時に、「この子たちのため

に、絶対にがんばる！」。そう誓った私でした。

（あのひと言をかけてくれたかおりは、現在横浜で学校の先生をしています。私と同じように子育てをしながら、仕事を続けています。がんばれ、かおり先生！）

第8章
「書くこと」のすすめ——書きたくなる工夫を

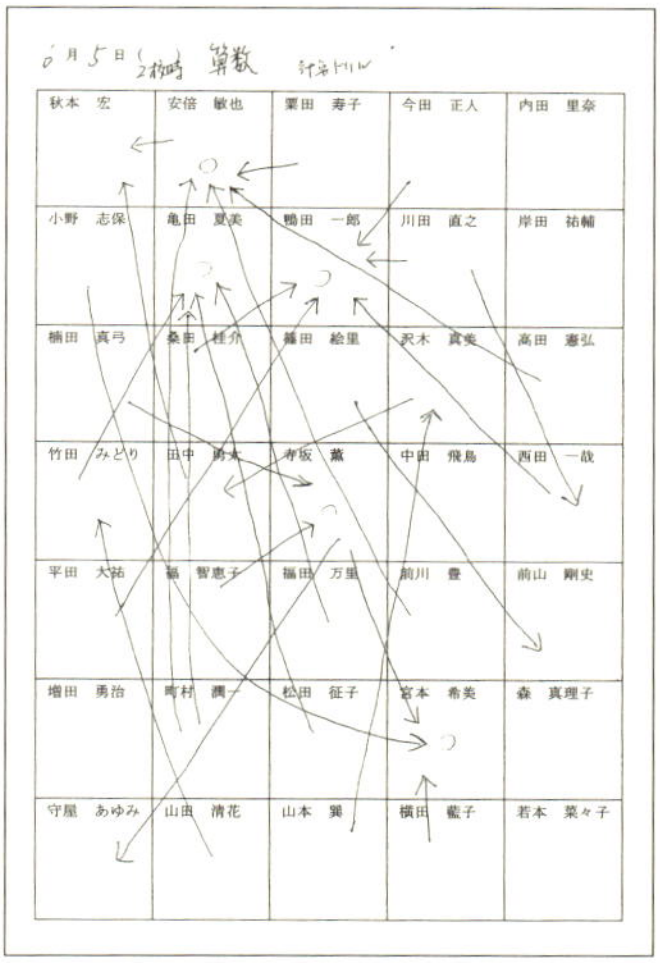

教師にとっても、子どもにとっても、
「書くこと」はとても大切なことです。
なぜなら、書くことによって
自分を振り返ることができるからです。
振り返るからこそ成長があり、
伸びていくのです。
しかし、そうは言っても
「書くこと」は子どもにとっても、
教師にとってもなかなか手強いものです。

●「書いてみたいな」と子どもに思わせる作文指導の工夫あれこれ

①小さい用紙、小さいノートは意外な効果がある

「さあ作文を書いてもらいます」と言うと、

「えーっ、何書くの?」「また作文か」「書けないから半分でいい?」「作文嫌いや」というような声が、子どもたちから聞こえてくることがあります。

これでは心の込もった作文は生まれてきません。「ああ、書きたいな」と子どもに思わせないと、いい作文は生まれません。

でも、「書きたいな」と思わせるのはなかなかむずかしいものです。ですから最初は、「これぐらいなら書けるかな」程度の気持ちを起こさせることが大事です。

まず書く用紙のことです。

《用紙の工夫・その1》

原稿用紙を配って「これに書きなさい」は、一番書きづらいパターンです。原稿用紙をみた途端、

「えーっ」という気持ちが起こってきます。

それよりも、罫線が引いてあるだけの手づくりの紙のほうが書きやすいものです。その紙もＢ４では大きすぎます。Ｂ５、またはＡ４。できればその半分ぐらいが一番書きやすいと思います。Ｂ５の半分の紙だと、子どもたちはあまり抵抗もなく書き始めます。Ｂ５のときは「どれくらい書くの？　半分くらいでもいい？」と聞いていた子も、Ｂ５の半分の用紙では何も言いません。

そんな感じで書き始めると、結局二枚書いて、Ｂ５用紙一枚と同じになります。子どもたちにとっては、Ｂ５用紙で一枚書くより、半分の用紙を二枚書くほうが充実感があるのでしょう。また誰かが「先生、三枚目もらっていいですか？」と言うと、対抗意識を持つ子どもが「ぼくももう一枚ください」と、どんどん書くようになっていきます。そうなってくれば、もうＢ５用紙一枚でも大丈夫ですし、原稿用紙になっても大丈夫です。

《用紙の工夫・その２》

ノートに書かせるときも同じです。ある年、六年生に日記を書かせようとして大学ノートを配りましたが、予算の関係もあり、購入した大学ノート一冊を裁断機で上下半分の二冊にしました。

そのノートを配り、日記を書かせ始めると、子どもたちは書くわ書くわ……。「これくらいなら書けそうだ」「これくらいならいいや」。そんな感情が子どもたちに起こったようです。子どもは一度書き始めると、けっこう調子づいて書いていくものです。このように、書き始めのきっかけをどう創るかはとても大切なポイントと言えます。

また、この小さなノートは、ほかにもメリットがありました。それは小さくてかさばらないので、家に持ち帰っても荷物になりません。またこの大きさだと、こちらもみやすいという点もありました。

こうやって、子どもたちが一度書き始めると、しめたものです。

「あんまり書くなよ、先生みるのに苦労するから、もう少し短くしてくれよ」などと言うと、さらにたくさん書くようになります。いままで「もっと書きなさい。よく考えて書きなさい」と言い続けていたのが嘘のように、子ども自らが書き始めるようになります。

② 必ず友だちの作文の紹介をする

作文は書かせっぱなしでは駄目です。書いた作文をみんなに紹介する機会を必ず持つことです。初めは紹介されることをいやがる子どももいますが、続けていくと、次第に紹介されることがうれしくなっていきます。

なぜうれしくなるかと言えば、紹介するときに教師に必ずほめてもらえるからです。その作文を学級通信などで文字にして紹介すると、効果は倍増します。そしてそれを紹介することによって、その子も書いてよかったと思い、ほかの子どもも「こんなことを書くのか」「こんな表現の仕方があるのか」と気づいていきます。

ただ、気をつけないといけないことは、いわゆる作文の上手な子の作文ばかりを紹介していては、絶対に駄目だということです。それよりも作文が苦手な子の文章のいいところをみつけてやることがコツです。それには教師の感性が必要ですが、その子の気持ちにどれだけ沿ってやれるかが鍵になります。

「ぼくは、きのう犬に会いました。

　犬はわらいました。」


　こんな文を書いた子どもがいました。この子は勉強が少し苦手で、作文も嫌いな子です。でも、この子は動物が大好きで、おうちでもお母さんに「犬を飼いたい」とよく言っていたそうです。

　作文を書かせたあと、この子に少し話を聞きました。

　その子が帰り道にいつも出会う犬がいるのですが、「こんにちは」と声をかけると、「ワン！」といつもほえていましたが、その日は「ワン～」と笑って「ぼくをみてくれた」と言うのです。それがうれしくて「犬はわらいました」と書いたのです。

　その子の話も聞かずに、「もっと詳しく書きなさい」と言うだけでは、きっと私に教えてくれた話は書かないでしょう。でも、その子の話を聞いて、「そりゃよかったね。明日も笑ってくれるといいね」と言ったので、その子は次の日もその次の日も犬のことを書いてくれました。そして知らないうちに何枚も何枚も書く子どもになっていました。

　みんなに紹介するときに、「この『わらいました』には、こんな気持ちが込められているんだよ」と言える教師でありたいものです。子どもたちのどんな文にも気持ちが込められていることを教師は忘れてはなりません。初めは短い文でもいいのです。子どもはその気になれば書き出すものです。

③ 作文指導というより、感動体験をどれだけさせられるか

「なぜこのクラスはこんなに作文を書くようになったのですか？」とたずねられることがありますが、「子どもに書くネタがあるからですよ」と答えていました。

子どもは書きたいことがあるときは、何も言わなくても書き始めます。感動したときには、何かの形で伝えたいのです。そんなタイミングをとらえて用紙を配ると、子どもは書き始めます。

作文の書き方を教えることもありますが、生活のなかでたくさんの感動体験をすれば、自然に書き方も上達してくるものです。心に残る授業のあとには心に響く作文を書きますし、楽しかった遠足のあとには楽しさに満ちた言葉があふれてきます。

「作文の書かせ方」というような本を読むことも大切ですが、それだけではうまくいきません。教師が子どもとともに活動しながら、ともに喜んだり、苦しんだり、悲しむことが、実は作文指導の上達の道と言えます。

④ 体育の授業のあとで

子どもたちに対して、「今日の感想を書きなさい」という与え方では、最初は何を書いていいのかわかりにくいものです。でも、「今日の学習で『先生に言いたいこと』を書いてごらん。何でもいいよ」と言うと、「先生、今日私は跳び込み前転ができてうれしかったよ。前田君が必死で教えてくれたおかげです」「先生、今日ぼくができたところをみてくれましたか？　先生は五班のほうばかり行って、ぼくの班にはきてくれませんでした。ちょっと腹が立ちました」というふうに、本音を書きやすくなりま

す。

一年生でよく使う「先生、あのね」というやり方と同じです。教師がいくら巡回指導を繰り返していても、見落とすこともあります。そんなとき、この作文は役立ちます。

「先生はボクをみてくれていなかった」と書いた子には、次の時間に一番先に近づいて声をかけます。するど、その子の目はきっと輝くことでしょう。

このように、こんな書かせ方をすれば、普段目立たない子の様子や教師としてのかかわりの少ない子に気づくことができるメリットもあります。

⑤ ミニミニ遠足のあとの「見たこと帳」で

一年生を担任したときに、子どもたち一人ひとりに「見たこと帳」を持たせました。みたこと、気づいたことをどんどん書いていくノートです（絵日記のノートを使います）。

毎朝、ミニミニ遠足に出かけます。遠足と言っても校外には出ません。学校内の敷地を毎日毎日回る、時間にして十分ほどの遠足です。毎日同じコースを歩いていると、実は退屈どころかいろいろな発見があるようです。十分間歩いて教室に帰ってから、それをみんなで発表し合いますが、みんなは言いたいことがいっぱいあります。それを途中まで発表させて、「あとは見たこと帳に書こうね」と言うと、「よおし」と子どもたちは書き始めます。

「昨日のことを書きなさい」では書けなくても、たったいま歩いてきたミニミニ遠足のことなら書くことができます。そうです、感動のあとにすぐ書かせることがポイントです。

このミニミニ遠足は、いわゆる定点観察です。毎日毎日同じ所を歩くと、普段なら見落とすようなことにも気づきます。「昨日は花が1つしか咲いていなかったけど、今日は3つ咲いていたよ」と小さな変化にも気づくし、給食室の匂いによって献立がわかるようになったり、初めは怖くて越えられなかった溝が跳べるようになったりします。木々の色の変化も肌で感じていきます。落ち葉の数を数えたり、木々の絵を描いたり、木の下を素早くくぐり抜けたり、チョウチョの模倣遊びをしたり、季節の歌を歌いながら歩いたり。これは単なる作文の学習にとどまらず、算数、生活科、図工、体育、音楽とすべての学習に広がっていきました。ミニミニ遠足はたかだか十分間でしたが、その効果と広がりはとても大きな学習になりました。

⑥ 修学旅行物語——原稿用紙三十枚に挑戦

修学旅行に行く前に、「今回修学旅行から帰ったら、修学旅行物語を書いてもらいます。原稿用紙三十枚です」と言うと、すごいブーイングが起こります。でもそのあとの説明で、子どもたちは「やってみようかな」と思い始めます。

修学旅行に行く朝から帰ってきた夜までを、事実に基づいて物語風にアレンジして書いていきます。少しぐらいは事実と違ってもいいので、自分なりにおもしろく書いても構いません。もちろん、登場人物もつくって、会話文も入れます。

「いってらっしゃい」

おかんはそう言って私を送り出した。

「ワンワンワーン」

愛犬の健太は角まで送りにきてくれた。

「こんなふうに会話文を入れて書くと、原稿用紙一枚はすぐだよ」というと、子どもの目は輝いていきます。――「これなら書けるかもしれない」

「もちろん、目次も入れるし、登場人物の紹介や、作者のプロフィール（自分のこと）や出版社の名前（勝手につくる）も入れたりすると、もう何ページも使うよね」「物語の途中に写真を入れてもいいよ、なんなら地図もいいよ」と言うと、ますます「書けるかもしれない」「書いてみたい」、そう思ってきます。

そんな予告をして、修学旅行に出発すると、このことを書こうとか、メモしておこうとか、パンフレットはとっておこうとか、いろいろ下準備をしています。こうなったらしめたものです。三十枚への挑戦は、けっこう自然に始まっていきます。

帰ってきたらさっそく書き始めますが、いくつかのポイントを記しておきます。

- 全体の計画を立てるために、目次をしっかり立てさせます

この指導には時間をかけて、何を書くのか、そのネタはあるのかなどを子どもと確かめます。ここさえしっかりできたら、子どもも見通しができるので、自信を持って書き始めます。

- 原稿用紙には、鉛筆ではなく、黒ペンで書かせます

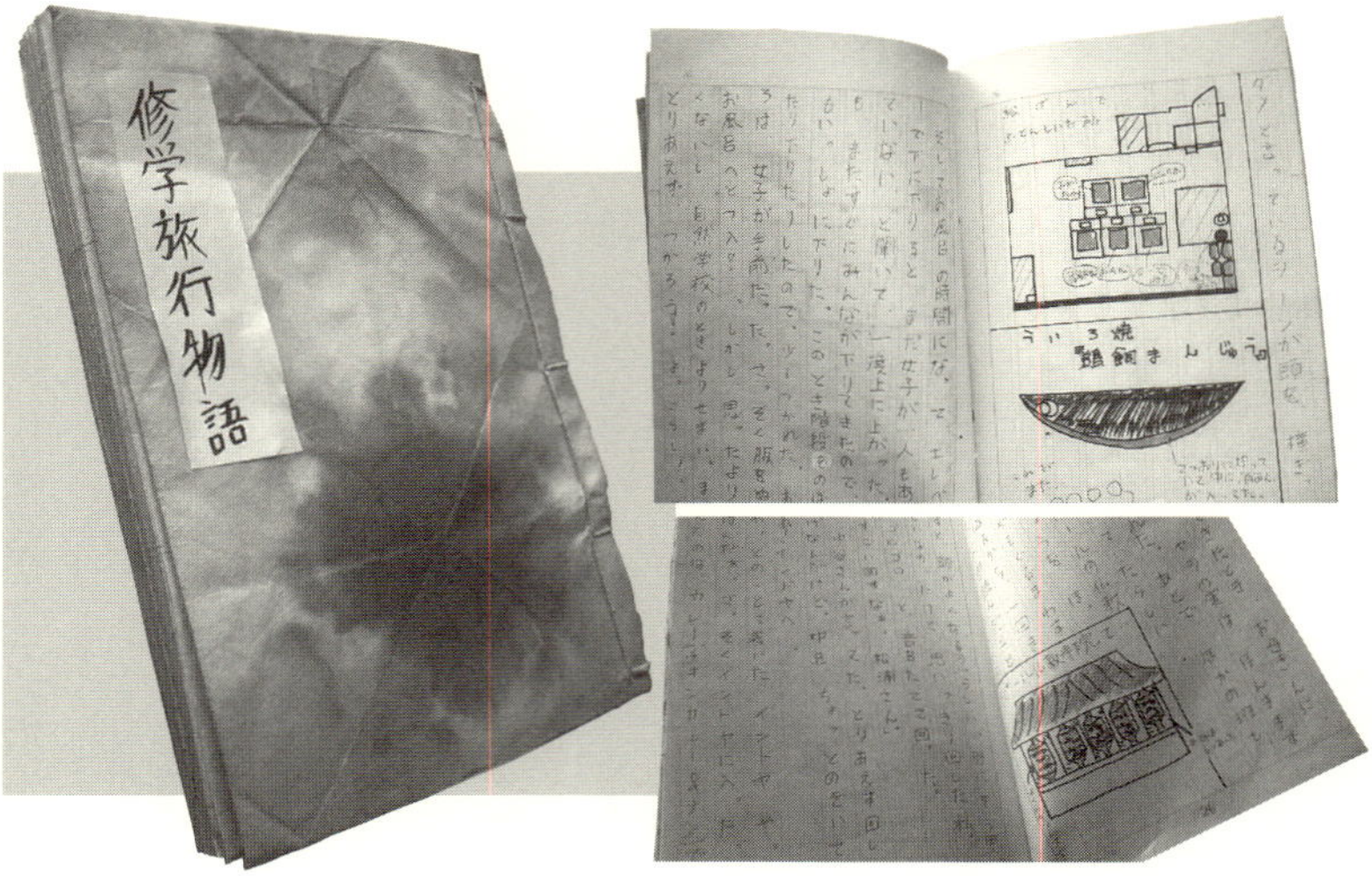

自分で和紙を染め、和綴じにして、原稿用紙30枚の修学旅行物語の完成

なぜ鉛筆は駄目なのか。――鉛筆はあとで紙が汚くなるし消えてしまうけれども、黒ペンなら消えません。「これは立派な本にするから、ペンでないといけないいんだ」と言うと、初めはいやがりますが、かえって緊張感が出て、真剣にペンを走らせます。そして、書き上げた自分の字に満足するのです。鉛筆書きではこの感覚は決して味わえません。

●「総合」の時間などを使い、一気に書き上げます

家で書かせると書けない子もいるので、できるだけ学校で「総合」などの時間を使って一気に書き上げさせていきます。短期集中型の学習です。

●原稿が書き上がったら、最後は装丁です

しっかりとした本になっていたら、一生この本を大事にしますから、仕上げはしっかりやりたいものです。ファイルなどで簡単に残す方法は、結局長持ちしません。子ども自身で和紙を染め、自分だけの表紙をつくって、和綴じでしっかりと本に仕上げていきます。こうやって仕上げた本を子どもは本当に大事にするものです。これをゴミ箱に入れた子どもはこれまで一人もいませんでした。

⑦ 卒業前の「30日日記」

一年を通して子どもの日記を毎日みることは、なかなか至難の業です。また、子どもにとってもマンネリ化する場合があります。そういうときには、期間を決めてやってみると効果があがります。

例えば、卒業前の三十日間を「先生と子どもの交換ノート」としてやってみると、普段あまり書かない子も「これくらいならできそうだ」と書いてくるし、教師のほうも卒業前だと思い、気合を入れてみることができます。日記を読むのは楽しいのですが、添削はしんどいものです。しっかり返事を書こうとすると、二時間ぐらいはかかってしまいます。でも期間限定なら、がんばる力も湧いてくるものです。年間を通して日記を続けることも大事です。しかし、それが中途半端になるのなら期間限定で「30日日記」をするほうが効果はあがるでしょう。

● 子どもの記録をどうつけていくか

① 一人ひとりの名前が入った「枠入り記録ノート」をつくる

クラス三十名なら三十の枠をつくり、そこに一人ひとりの名前を書いていきます。それを印刷し、その紙をノートに一ページずつ貼りつけて、一冊の記録ノートをつくります。ちょうど白地図のようなものので、このノートにどんどん子どもの記録をつけていきます。

手始めに、一ページ目には一人ひとりの誕生日や住所などを記入します。このような記録は別の書類をみればわかります。しかし、実際に書くことによって、「このクラスは早生まれが多いんだな」と気づいたり、「あの団地に住んでいる子は少ないな」と改めて気づくことができます。これだけでも書く価値はあるでしょう。

それから、ここ何日かで気づいたことを書いていきます。「○○君は算数の時間に一番に計算問題を解いていたな」とか、「○○さんは昨日の児童朝会で委員会の報告をしっかりやれたな」と、思いつくまま書き込んでいきます。

「だいぶ書いたなあ」と思ってノート全体をみると、なんとまだ半分の子が書けていないことに気づくでしょう。そして、その子たちのことを思い出そうとしても、顔は浮かんでも具体的な行動は思い出せないということがあります。「○○さんは優しい子だけど……」。具体的な事例が思い出せないのです。子どものことを知っているようで、実はあまりわかっていないのが実態です。いざ書き出そうとしてみると書けないことが多くあります。そのことに気づけたことも、記録ノートを書くことの大きな意味になります。

翌日は、昨日全く書けなかった子のことを気にしながら一日を過ごすことになります。すると、その子の様子がみえてきます。「給食のときにいつもみんなの机をきれいに並べてくれていたんだ」。その子の行動がみえてきます。記録ノートを書く作業をしなければ、その子の様子はずっと見逃していたかもしれません。

月　　日（　　）

秋本　宏 6/7 鴨田にのりをかし自分はもう1つののりを自分のかばんから出していた	安倍　敏也 6/10 Tel 母より プールに恐怖心をもっている。1年の時にしずめられた。ゆっくりとした指導を	栗田　寿子 6/10 習字。清書をせず前山の清書を出そうとした	今田　正人	内田　里奈
小野　志保 6/14 算。自由勉強をよくやっている。今日1番に手を挙げた	亀田　夏美	鴨田　一郎 6/12 体。リレーで一番。よかったなと言うと「川田が速かっただけや」と言う。6/14 詩の暗唱やってきた。	川田　直之	岸田　祐輔
楠田　真弓	桑田　桂介	篠田　絵里 6/10 12までのひき算の9が消せない。	沢木　真美 6/3 誕生日に手紙をくれた 6/11 そうじ。いいほうきをまず確保	高田　憲弘
竹田　みどり 6/14 詩の暗唱を3つやってきた	田中　勇太 前川と同じく前山のことをよろこんでいた	寺坂　薫 6/3 誕生日に花をもってきてくれた 学校といっしょにみた花 6/9 学級に気持ちを[illegible]	中田　飛鳥 6/5 ドッジボールのことで気をかけてくれている。学級会でしっかり話したいと言っている	西田　一哉
平田　大祐	福　智恵子 6/11 給食当番なのにまずそうじのいいほうきを確保する。 6/13 算。増田に熱心に教えていた	福田　万里	前川　豊 前山ができたのをとてもよろこんでいた →	前山　剛史 6/14 詩の暗唱がはじめてできた
増田　勇治	町村　潤一 6/5 鴨田の色紙がないのにすぐに気づき色紙をやった	松田　征子	宮本　希美 6/7 集会のできたあと「誰か手伝いにいこう！」積極性が出てきた	森　真理子 6/11 きたないほうきでも一生懸命にやっていた
守屋　あゆみ 6/7 学級会でのくじびきを一生懸命につくっていた。	山田　清花	山本　巽 6/7 クラブアンケート 第2希望に苦手な図工をかいていた チャレンジ。OK	横田　藍子 6/1 給食当番を手伝ってくれた	若本　菜々子 6/1 横田と同じ。

記録ノートの例。なかなか全員埋まりません。明日は空白の子どもをしっかりとみます

② どんなことを記録ノートに書くのか

どんなことをこのノートに書いていけばいいのでしょうか。気づいたことを何でも書くことから始めたらいいでしょう。それは何でも構いません。

・いいことをしたこと
・悪いことをしたこと
・算数の様子
・休み時間の様子
・掃除時間の様子
・体育の様子　など

何でも気づいたことを書いていきます。「帽子をかぶってきた」「漢字テストで満点をとった」「給食を残さず食べた」「元気だった」など。とにかく書くことです。書けば何かを発見したり、何かの手がかりになるものです。しかし、書かなければそれは見逃され、やがてすっかり忘れ去られてしまいます。最初はなかなか書けませんが、これも慣れてくるといろいろ書けるようになります。

そうしてだんだん慣れてきたら、今度は書く内容をできるだけ具体的な内容にしていきます。「掃除をしっかりやっていた」は「掃除の時間にしゃべらずに黙々と雑巾がけをしていた」に、「元気だった」は「休み時間には一番に運動場に出て、六年生とサッカーの試合をしていた」というふうに、少し詳しく書いていきます。「体育の時間に、同じチームの○○さんにパスの受け方を何度も何度も教えていた。失敗したら、また近寄っていって、手とり足とりで教えていた」と書いていきます。そうしていくことによって、その子どもの姿がどんどんみえるようになります。

③意外なことの発見こそ大事なところ

こんな記録のとり方をしたことがあります。国語の時間に発言していく順番をメモしていくのです。第一発言者はA君、二番目はBさん……というふうに発言順をつけていきました。

すると、いつもはおとなしいCさんが十五番目に発言しました。三十五人中十五番目です。私のいつもの感覚ではCさんはいつも最後のほうで発言する子に映っていましたが、こうして記録をつけると案外早いうちに発言していることに気づきました。たまたま今日は早く発言したのかもわかりません。でもこれも大きな発見です。

実は記録をつけることは、意外なことの発見のためと言えます。あの子この子を頭で理解しているつもりでも、本当のところはあまり理解していなかったことに気づくことができます。

「発言順ぐらい」と、読者のなかには思う方がいらっしゃるかもしれませんが、この事実を本人に話し、「よくがんばっているね」と言うと、次は十番目の発言になったりします。そして、いつしか積極的に発言する子に変わっていくことも多々あります。また、個人懇談会で、このこと（何番目に発言）をはっきりと親に伝えながらほめると、わが子ががんばっている様子に親は非常にうれしい気持ちになり担任を信頼してくれるようになります。

こんなこともありました。いつも友だちに意地悪をするD男をじっくりとみていると、給食の時間に当番の子が各テーブルにおかずを運んできたとき、D男は当番の子のお盆のおかずをさっと取ってやり、テーブルに配っているのです。そんなD男の意外な面を発見しました。いろいろと行動に問題のある子の記録をつけていると、やはり悪いことの記述が増えていきます。でも、時々こんな意外な発見をすることがあります。

意外な発見、これこそ記録ノートの一番大事なところです。その子の意外なところをどれだけ発見してやれるか。そして、その意外な事実を子どもにも親にも伝えることによって、その子の自尊感情は育っていきます。

でも、意外な事実とはいいことばかりではありません。最近の子どもの事件のなかには、「ごく普通の子どもだったのに」とか、「とてもいい子だったのに」という話が聞かれることがあります。表面的に「いい子」を演じている子も、よくみていると時々SOSの信号を出していることがあります。常にリーダーシップをとっていた子が、あるときゴミ箱を蹴ってへこませてしまいました。すると、教師も親も「なんであなたが……」「あなたがするとは思っていなかった」と言ってしまいます。その子はきっと少し無理をしながら優等生ぶって過ごしていたのでしょう。そんな背伸びをしているときに、ちょっとだけ悪いことをしてSOSの信号を出していたのです。「なんであなたが……」ではなく、「しんどいことがあったんだね？」と肩に手をかけて話せる教師でありたいですね。

④ こんな記録もつけるとおもしろい

算数の時間に、みんなで練習問題をやりました。私のクラスでは、できたあとにどうするかは自分で考えさせるようにしていました。「先生、できました。次は何をするんですか？」と聞いてきたら、「さ

子ども同士で教え合う算数の学習。「支え合う仲間」はほかの学習にも広がります

あどうしたらいいのかな。自分で考えてごらん」と子どもに言っています。最初は次の問題を自分で探す子どもが多いのですが、クラスの目標「支え合う仲間」を意識させていくと、だんだんと教え合いが始まります。六月ごろになれば、自分ができたらできていない友だちのそばに行き、一緒に考える子どもたちの姿が増えてきました。

この日はそれを記録してみます。枠ノートの名前をもとに、誰が誰を教えに行ったかを矢印で記録していきます（161ページ、本章扉写真）。すると、誰に集中したかがわかります。そして、また次はどこに動いていったのかという跡がわかります。いつも教えてもらっていた子どもができた途端に動き出し、困っている子のそばに行ったのもよくわかります。あとで子どもたちにそんな支え合いの記録をみせると、「ぼくたちは『支え合う仲間』だね」と、クラスの自尊感情もあがっていきます。

⑤ 記録をつける時間確保の工夫

記録の意義はわかっても、それをいつ書くか、書く時間はあるのかという問題にぶつかります。たいていの教師はここで諦めてしまいがちです。「忙しいから書く暇がない」という言い訳をしている教師は、実は時間があってもやらないものです。時間がなければ時間をつくる工夫をすることです。

私は、新任五年目ぐらいまではポケットに入る小さなメモ帳を常に携帯していました。そして気づいたときにはすぐに取り出して書き込んでいました。子どもと遊んだあと、教室に戻りながらメモをとったこともありましたし、掃除をしながらさっと書き込んだりもしていました。でも、これは子どもたちに大変不評で、「先生がぼくたちの悪いことを書いている」と思われてしまいました。「そんなことはないよ」と言いながらも、自分が子どもの立場だったらやはりいやだろうなと思い、この方法は止めることにしました。

そのあと、前述の名前の枠入りノートをつくり、それに書き込むようになりました。少し時間が経ってしまうのですが、このほうがかえって落ち着いて書けることがわかってきました。

このノートに書き込む時間は、放課後や家に帰ってからになります。疲れて帰ったときはほとんど書けませんし、放課後も毎日というわけにはいきません。でもそれでいいのです。できれば毎日書ければいいとは思いますが、実際はむずかしいものです。しんどくて止めてしまうより、無理のない程度で続けていくほうが大切です。「思いついたときに書こう」――それぐらいの気持ちで十分です。そして時々ノートを開き、白紙が多いときにはちょっと反省して、明日はしっかり子どもたちをみようとすればいいでしょう。

しかし、このままではだんだん書かなくなってしまいます。そこで、ある時間を書く時間として毎日確保しました。それは給食準備の時間です。給食の準備は教師も一緒にするというのが原則でしょうが、私はすべて子どもに準備をさせていました。

その準備の二十分ほどが私の書く時間です（この「書く」とは、連絡帳への返事なども含みます）。教師が何もせず、熱いおかずを子どもに配らせるとは何ごとかと叱られそうですが、私のクラスの子どもたちはそれはそれは見事に配ってくれます。火傷をさせてしまったことは一度もありません。四月当初はもちろん一緒に準備をしますが、そうしながら少しずつコツを教え、子どもたちに準備を任せていきました。高学年はもちろんですが、一年生や二年生でも同じです。「一年生では無理だ」と言う教師もいますが、一年生も教えようによっては見事にやってしまいます。たかが給食の準備ですが、これをうまくできるようにしていくのも学級経営だと考えています。子どもたちは自分たちで準備をするし、教師はノートをみることができる。まさに一石二鳥と言えます。

放課後、誰もいなくなった教室で、一人ひとりを思い浮かべて記録していくのもいいですが、実はなかなか思い浮かばないことも少なくありません。でも給食準備のときに、教師机から子どもたち一人ひとりの顔をみながら考えてみるといろいろ浮かんでくるものです。顔をみると、イメージがどんどん膨らんできます。ですから、この給食の準備時間をとても大切にしていました。

⑥　懇談会や通知表の所見に役立つ記録ノート

学期末の懇談会になると、教師は悩みます。「何を話そうか。あの子はあんまり目立って何もしていないから言うことはないなあ。テストの点数だけを話すわけにはいかないし、悪いことばかりあんまり言うと説教になってしまうし……」などと考えていると、「早く懇談会が終わればいいのに」と思っていました。

でも、記録ノートがあれば安心です。いつ、どこで、どんなことがあったかがはっきりわかります。「○月○日の国語の時間に何番目に発表しました。積極性が出てきましたよ」と具体的なことが話せます。「いつも優しい子ですよ」ではなく、「全校朝会で友だちが暑さで倒れたときに一番に駆け寄って、肩を抱きながら保健室に連れて行ってくれたんですよ。とっても優しい子ですね」と言えば、保護者はその言葉だけで担任を信頼してくれるものです。

また、通知表の所見欄も同じです。記録ノートがあれば、どんどん具体的なことが記述できます。具体的であればそれだけ保護者への説得力も増していきます（第五章のもとになるのは、まさしくこの記録ノートです）。

《番外編》教え子の結婚式にも役立つ記録ノート

初めて、教え子の結婚式に出たときのことです。スピーチを頼まれた私は、何を言おうかずっと考えていました。自分の過去の記録をいろいろと引っ張り出し、そして当日こんなことを話しました。

「村上君は、皆さんも先ほどから何度も話されているように、豊かな発想の持ち主で、会社でもさまざまなアイデアを出して大活躍されていますが、その原点は小学校のときのこんな授業にもあらわれていました」と話しながら、私は立方体の展開図を出しました。

「クラスのほとんどの子が考える展開図はこれです」（と言って、展開図をみせる）
「でも村上君がそのときに考えた展開図はこれです」（村上君の展開図をみせる）
その違いに、式場には「ほお」と感嘆の声があがりました。「小学生のときからすでにこんな発想の持ち主だったのです。これからの彼の活躍が本当に楽しみです」とスピーチを終えました。
十二年前の算数の時間の記録が「記録ノート」に残っていたのですが、こんなことにも役立つのが「記録ノート」です。

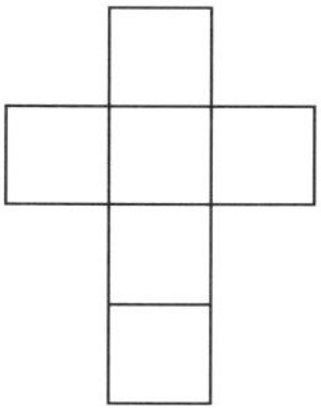

▲一番多い立方体の展開図

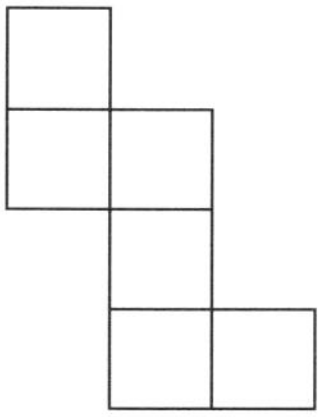

▲村上君が考えた展開図

第9章 「人権教育」のすすめ ——優しい人に育てたい

「人権を学ぶとは、どういうことですか」

そう聞かれたら、
あなたはどう答えますか。

私は、

「人と人とが豊かにつながること」

と答えます。

人権教育とは、
学級づくりや仲間づくりそのものです。

●人権教育はむずかしい？

人権教育は、むずかしい？　それとも簡単？

日本中のどの会社でも、どの教育委員会でも、必ず行われるのが人権研修です。もちろん、新入社員研修や新任教員研修でも人権研修は行われています。これはとてもすばらしいことで、日本の人権教育のレベルが高いことを表しています。

日本には同和問題をはじめとして、さまざまな人権問題があります。これらの研修によって、以前に比べると、格段に人々の人権意識は高まりました。しかしながら、いまだに差別は存在し、人々を苦しめているのも事実です。「一人ひとりが本当に幸せで、毎日安心して暮らせる社会」にしていくために、これからも人権研修は必要と考えています。

しかし、立場を変えて、研修を受ける人の気持ちになるとどうでしょう。ほとんどの人が「むずかしそう」とか「堅い」と感じ、しんどい研修のイメージがあります。なかには「また人権か。もうわかっている」と言う人もいます。大事なこととはわかっているけれども、あまり受けたくない研修と思っているのも確かです。人権教育をむずかしくて厄介なものととらえた先生は、きっと教室での授業もつまらないものになってしまいます。人権教育をもっとわかりやすく考えることはできないものでしょうか。

●人権教育って何？　ひと言で言えば「優しい人」になること

私の勤めていた西宮市の学校では、必ず年に一回は人権教育の授業参観と懇談会がありました。人権学習を公開したあとに、保護者に残っていただき、人権教育についての懇談会をします。ところが、懇談会に残ってくださる保護者の数はほんの少しです。授業はみても、懇談会をパスする方が多かったので、「こんなに大事なことなのに、帰るとはけしからん」と私はムカムカしていました。普通の懇談会なら残るのに、人権の懇談会には残らない、この意識の低さを親のせいにしていました。

ところが理由を聞いてみると、「先生の話はむずかしい」「毎年同じことを聞いている」「差別は悪い。そんなことは言われなくてもわかっている」「先生は同和同和、人権人権とうるさすぎる」というような感想が聞こえてきました。

では、どうしたら懇談会に残ってもらえるのか――。それにはもっとわかりやすい言葉で話すこと、自分たちの身近な生活を話すこと、緊張する懇談会ではなく、心が温かくなるような会にすることだと考えました。

そして、それまでの「部落差別の解消を中心課題としてあらゆる差別をなくしていき、人間性豊かな人権文化の構築をめざしたもの」という堅い言い方をやめ、「人権教育とは、優しい人を育てるものですよ」と言うようにしました。

懇談会に残った保護者の方々は、

「えっ、優しい人、それはどういうこと?」と言うので、私は黒板を使って説明を始めました。

「さあ、みなさん、優しい人というのは、こういう意味があります。実は五年生の子どもたちにも教室で説明しましたので、その様子を再現しますね」と言って、四月、一番最初に行った道徳の時間の様子を再現し始めました。


「道徳や人権の勉強は、なぜするかといえば、優しい人になるためだよ」

と言って、黒板に「優しい」と書きました。

「先生、その字、まだ習っていないよ」

「そう、この字は六年生で習うんだね。これは『やさしい』と読むんだよ。覚えておいてほしいな。ところで、この字の書き順はわかりますか?」

「習っていないけど、書き順はわかるよ。にんべんから書くのでしょ」

「いいや、違うんだ。この字はにんべんじゃなく、こちらの憂から書くんだ」

と言って、黒板に「憂」を書きました。

「うそー。そんなことはないよ」

「嘘じゃないよ。憂から書くんだ。じゃ、この憂は何て読むか、知っていますか」

「そんなん、知らん!」

「この字は『うれい』と読むんだよ。じゃ、どういう意味か、知ってますか?」

「知らん！」

子どもたちは、私の言葉にあきれ、少し腹が立っているようでした。

「憂いっていうのはね。自分の心のなかがつらくてしんどくて元気が出ないこと、悩んでいて苦しくて表情も暗くなってしまうことを言うのです。みなさんはそんな気持ちになったことはありませんか？」

と聞くと、子どもたちは全員が、

「ある！」

と答えました。クラスで一番やんちゃな男の子が

「先生、昨日の放課後オレを相談室に連れていって、そこでいっぱい説教したやろ、いっぱい怒ったやろ。そのあと、オレ、帰り道、『憂いの気持ち』やったわ」

「そのとおりや、それが憂いの気持ちやな。ようわかっとる」

「先生、私おとといの夜、お母さんとけんかして、ずっと部屋で泣いててん。これ憂いの気持ちかな？」

「そう、それも憂いの気持ちや」

「先生、ぼく、最近休み時間にドッジボールに誘ってもらえないねん。教室で一人残ることがあるねん」

「そうやな、それも憂いの気持ちやな。憂いの気持ちのときってつらいよな。でもな、そんな憂いの気持ちのときにな……」

そう言って、黒板の「憂」の横に「イ」を書き加えました。

「そんな憂いの気持ちのときにな、横に人が来て、『おい、どうしたんや、オレと一緒に行こうや。一緒に遊ぼうや』って言われたらどんな気持ちや？」

「うん、そんなしてくれたらうれしいし、ホッとするわ」

「そうやろ、それを優しいっていうんや」

私は「優」の横に「しい」を付け加え、「優しい」と書きました。

「鉛筆貸してくれるのも、ノートみせてくれるのも優しいけど、本当の優しさっていうのはね、とってもつらくてしんどいときにこそ、寄り添って『一緒にがんばろう』っていう仲間のことを言うんだよ。そういう仲間、そういうクラスになるために、道徳や人権の勉強をしているんだよ。先生はね、そんな優しい仲間のクラスにしたいなあと思っているし、そんな学年、そんな学校、そんな社会をつくりたいなあって思っているんだよ」

子どもたちは私の話に大きくうなずいてくれました（もちろん正しい書き順についてはあとでふれました）。

この話を聞いた保護者のみなさんもまた同じく大きくうなずいていました。これが、私の考える人権教育観であり、私の学級経営観であり、私の教育観なのです。

●「先生、私には『憂』という字は…にみえる」

「優しい」の漢字の意味を教えた授業の最後に、一人の女の子が発言しました。

「先生、優しいの意味はよくわかりましたけど、わたしには『憂』という字は『百』と『愛』にみえます。憂いのある人には『百』の『愛』をあげたらいいんじゃないかなって思います。そうしたら、きっとその人は元気になると思います。先生、優しいって漢字は、人には百の愛があるって書くのですね」

私はこの子の発言に本当にびっくりし、同時に深く感動しました。私には「憂」という字は「百」と「愛」には全くみえませんでした。でもその子には「百」と「愛」にみえたのです。実はその子は在日韓国人の子でした。彼女は小学校二年生までは日本名で学校に通っていましたが、二年生のときの担任の教師が本名（韓国名）を「かわいい名前やね」と言ってくれたことがきっかけで、チュ・チェシルという本名で通うようになりました。チュさんはとっても明るくて元気な子どもだったので、私は全く心配していませんでした。でも、影ではやはり悪口も言われていたようです。中学生になったら日本名に変えようかな、とも考えたようです。そんな彼女には、「憂」は「百」と「愛」にみえたのでしょう。

それ以来、この「優しい」という字をこれまで以上に大切にし、自分の教育に生かしたいと思うようになりました。

●優しい人になれば、人権問題は解決するの？――差別の氷山

「人権教育は優しい人になること」……「そんな甘いことじゃ駄目だ」「そんなことで人権問題は解決しない」と言われるかもしれませんが、私はこの「人」と「憂い」の関係をつなぐことが人権教育の基盤だと思っています。この基盤が充実することによって、さまざまな人権問題の解決につながると考えています。

そのことを「差別の氷山」という考え方でお話ししましょう。この「差別の氷山」という考え方は、

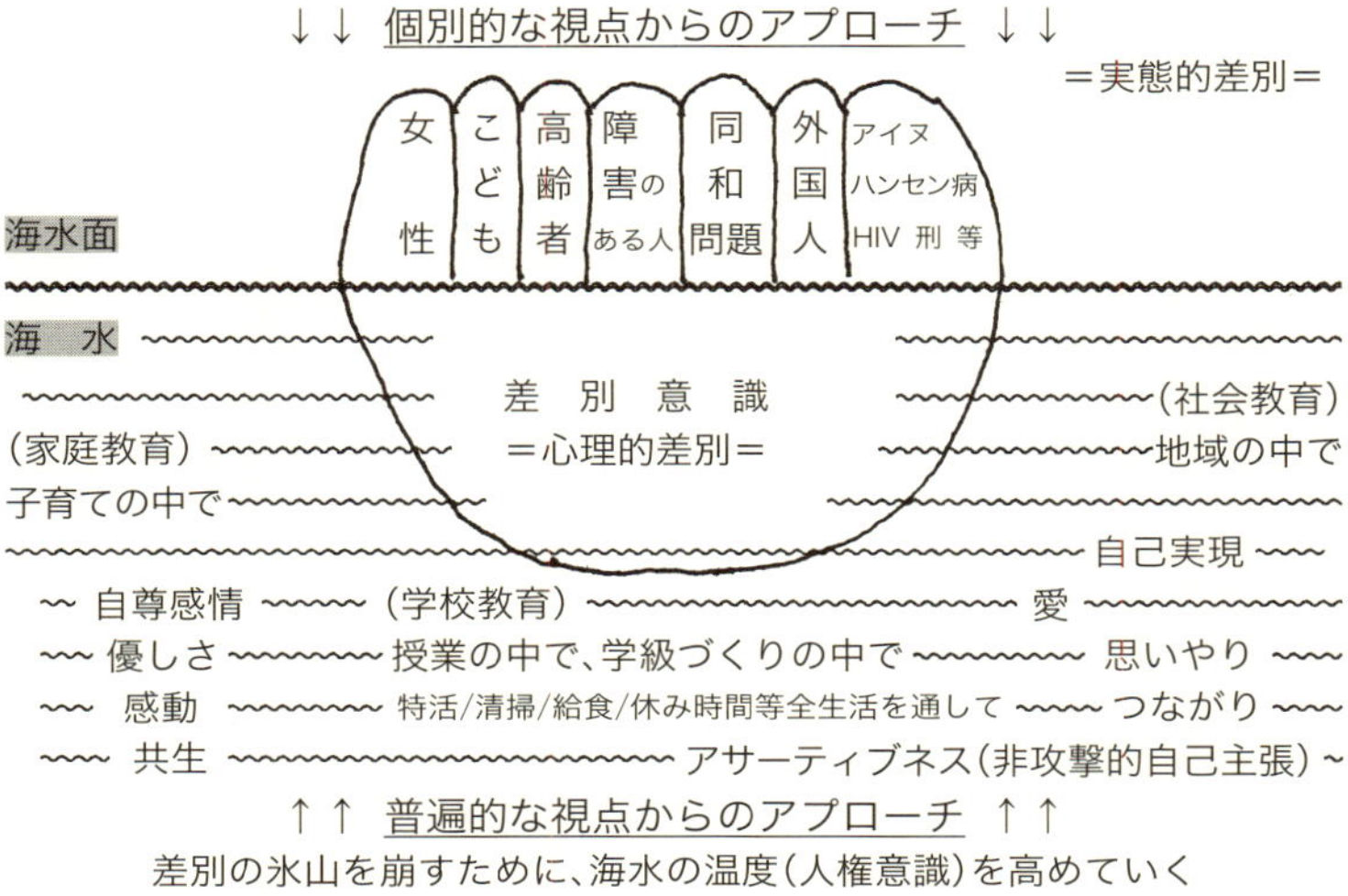

図「差別の氷山」（参考：堀井隆水『人権文化の創造』p.28）

元武庫川女子大学教授の堀井隆水氏の著書『人権文化の創造』（明石書店）のなかにある「氷山の一角論」をもとにしていますが、ぜひ一度は読んでいただきたい本です。

図をみてください。これは海の上に浮かぶ氷山の絵です。この氷山の海水面上にみえている部分を目にみえる実態的差別ととらえると、これまでの長いさまざまな取り組みによって、氷山の高さはずいぶん低くなってきました。ひと昔前はあからさまな就職差別などがありましたが、最近ではほとんどそのようなものはなくなってきました。差別の氷山は確実に低くなってきています。

しかし現実には、差別はなくなったかというと、まだそうとは言えない現実があります。つまり海面下のみえない部分を心理的差別ととらえると、いまだにある結婚差別や差別落書き、また最近多くなったインターネットによる差別的な書き込みや中傷・誹謗などが、根深く残っています。

もう一度この図をみてください。この心理的差別をなくすためにどうするか。それは海水の温度を高めてやることによって、氷山を根こそぎ溶かしてしまおうという考え方をしていくことです。そしてこの海水の温度が何にあたるかといえば、これこそが日常の人権意識です。つまり普段の生活を人と人が温かくつながる関係をつくることによって、差別の氷山を溶かしてしまおうということです。

もう少し違った角度から説明します。例えば学校でのことです。六年生の教室で差別の勉強をすると、子どもたちはこう答えます。

「差別のことをどう思いますか？」

「先生、差別はいけないと思います」

「先生、人間は平等でないといけないと思います」

「そうだな、差別はいけないし、人間は平等だな。よくわかりましたね。じゃこれで授業を終わります」

そして休み時間になり、子どもたちは運動場に出ます。

「おーい、ドッジボールしよう！」

「じゃ、ボクも入れて」

「私も入れてよ！」

「おまえらはダメじゃ。おまえは下手だから入れてやらない！　女は向こうへ行け！」

平気で仲間はずれが起こってしまいます。つい五分前に「差別はいけない」と言った子がそう言ったりします。つまり「差別はいけない」と頭ではわかっていても、実際の生活では別問題になるわけです。

教師の前では「差別はいけない」と言っておくほうがいいと、ちゃんとわかっているのでしょう。

でも、こんな子もいます。低学年のころから仲のよいクラスで育った子ども、温かい関係を経験してきた子ども、親から十分な愛情を受けてきた子どもは、六年生で人権の授業のときにこう言います。

「先生、ぼくは差別はいけないと思います」

「なぜ、そう思うの？」

「いいえ、理由はわかりません。ただ何となくそう思います」

この子は理由をはっきり言えません。それは頭ではなく、からだでそう感じているからこの言葉が出ました。この子は温かい海水のなかで育ってきたので、体中で温かさを感じているからこそ、不合理な差別が信じられません。理由というより、からだが許さないということです。

私はこれが本来の人権教育の姿だと思っています。人権教育は「わかる」教育ではなく「感じる」教育です。普段の生活こそ人権教育そのものです。

道徳の時間の人権（同和）学習には一生懸命に取り組むけれど、他教科ではあまりやらない。例えば、体育の授業では昔ながらの教え込み指導をして大きな声で怒るだけ、清掃指導には参加しない、休み時間には子どもと遊ぶのではなく職員室で漢字テストの丸つけというのでは、子どもの心は育ちません。普段の生活のなかや授業のなかで子ども同士をつなぎ、感動の体験をさせない教師は、人権教育をしているとは言い難いと私は思っています。

学校での人権教育は、全教育活動を通して行われてこそ、成果があがります。その中心になるのが「学級づくり」です。つまり、学級づくりイコール人権教育と言っても過言ではないでしょう。そんな人権教育を受けてきた子どもは、将来差別に出会ったとき、「こんなことはおかしい」と感じ、きっと差別解消に対しても動き出すことでしょう。

●人権教育の視点に立った学級づくり、授業づくりとは

「人権教育の視点に立った学級づくりとはどんなことですか？」と聞かれると、私は「一人ひとりが生き生きと過ごせる学級」と最初は答えます。そしてそのあとに、つまりそれは「クラスで一番厳しい立場の子が生き生きと過ごせる学級のことです」と答えます。これはあえて人権教育の視点に立ったなどと言う必要もなく、ごく当たり前のことなのかもしれません。しかし、担任教師がそんなふうに個に目を向けていなければ、結局厳しい立場の子は置いていかれることになります。

また、「『人権教育の視点に立った授業づくり』とは何ですか？」と聞かれると、私は同じように「クラスで一番厳しい立場の子が生き生きと目を輝かせる授業の創造」と答えます。あの子、この子が目を輝かせる授業にするためにどうしたらいいのかを考えるのが教材研究であり、授業研究であるはずです。第六章「研究授業のすすめ」でも書きましたが、子どもを全体的にみるのではなく、個々の顔を思い浮かべながら授業をつくっていくことが大事です。

こんな書き方をすると、個に目を向ける、特に一番厳しい立場にある子にばかり目を向けていたら、ほかの子のことがみられないという教師もいますが、決してそんなことはありません。個に目が向く教師は、実は全員に目を向ける教師になっています。個をみることによって、その周りの個がみえ、また

その周りの個がみえ、結局全員をよくみることになっています。反対に、個ではなく全体をしっかりみないといけないと思っている教師は、結局全体をみているようで実は誰もみえていないということになってしまいます。

●同和教育と人権教育の違い

この言葉の使い方が、ここ十年ほど一番もめてきました。各自治体や教育委員会なども「同和」という文言を「人権」に変えてきました。昭和四十四（一九六九）年の同和対策事業特別措置法（同対法）から長きにわたって行われてきた同和施策も同和関連法の失効（二〇〇二年三月末）に伴い、一般施策となり、同和の文字が人権に変わっていきました。そして同和が薄くなったとか、同和問題はなくなったのかなどの批判が出るようになりました。

この件については、いろいろな考えや意見があり、混乱のもとになっているのですが、私は次のように考えています。同和教育が人権教育に変わっても基本的には同じだと考えています。

同和問題は現実としてまだ解決していませんし、これからも取り組みは必要です。だからこそいままでの同和教育を人権教育として再構築して、推進力を高めていく必要があると思います。いまのままでは推進力はますます弱まってしまいます。だからこそ再構築しなければなりません。その再構築の最も基盤になるのが「差別の氷山」の海水部分の温度を高める、つまり日常生活の人権意識を高めることです。

もう少し言い方を変えると、これまでの取り組みは、「部落差別の解消を基盤」として差別を許さない取り組みでした（差別の氷山を上から下へつぶしていく方法が主）。これからは、「人権尊重を基盤として」幅広く人権意識を培おうという取り組みになります（差別の氷山を下から溶かせていく方法）。こうなることによって、同和問題が薄くなる（授業時間が減る）と考えている人もいますが、むしろ幅広く人権を考えることによって、差別の不合理さや卑劣さを感じ、心の底からおかしいと言える人間をつくっていきながら、部落差別をはじめとするあらゆる差別をなくしていこうという考え方です。もちろんいままでのように差別を許さない取り組みもなくなるわけではありません。

「私は人権教育に自信がありません。あまりよくわかりません」という若い教師に出会うことがあります。でも私はその教師に「そんなことはないですよ。あなたの学級づくりはすばらしいですよ。あなたは人権教育を人権の知識に詳しいか詳しくないかを基準にしているでしょ。もちろん詳しいほうがいいに決まっていますが、もっと大事なのは、普段の人権教育、つまりあなたがつくりあげている学級の子どもたちの様子ですよ。あなたはいまでも立派な人権教育を実践しているのですよ。自信をもって進んでください」

同和や人権の言葉にこだわるのではなく、子どもとともに日々楽しみ、悩みながら、つながっていく仲間づくりや学級づくりが、いま人権教育で一番求められていることでしょう。

●同和問題の解決へ向けて――人間を変えるのは教育しかありません

私は二十六年間の教員生活を退職後、全国各地に人権教育の講演に行くようになりました。南は九州から、北は北海道まで行ったのですが、そこで感じたことは「同和問題はやはり北（東）に行けば行くほど関心が低くなる」ということでした。関西の人間にしてみれば当たり前のことが、関東に行けばあまり語られていない現実を目の当たりにしました。

だからといって関東に同和問題はないのかと言えば、そうではありません。関東から関西に転勤して行くときに、「関西には部落があるから気をつけなさい」という偏見のひと言を餞別にもらうことがよくあるのも現実です。よく「寝た子を起こすな」といって、教えるからかえって差別がなくならないのだと言いますが、教えられていないと偏見を鵜呑みにする危険は大きいものです。やはり教育で正しく教えることが、差別をなくす第一歩です。

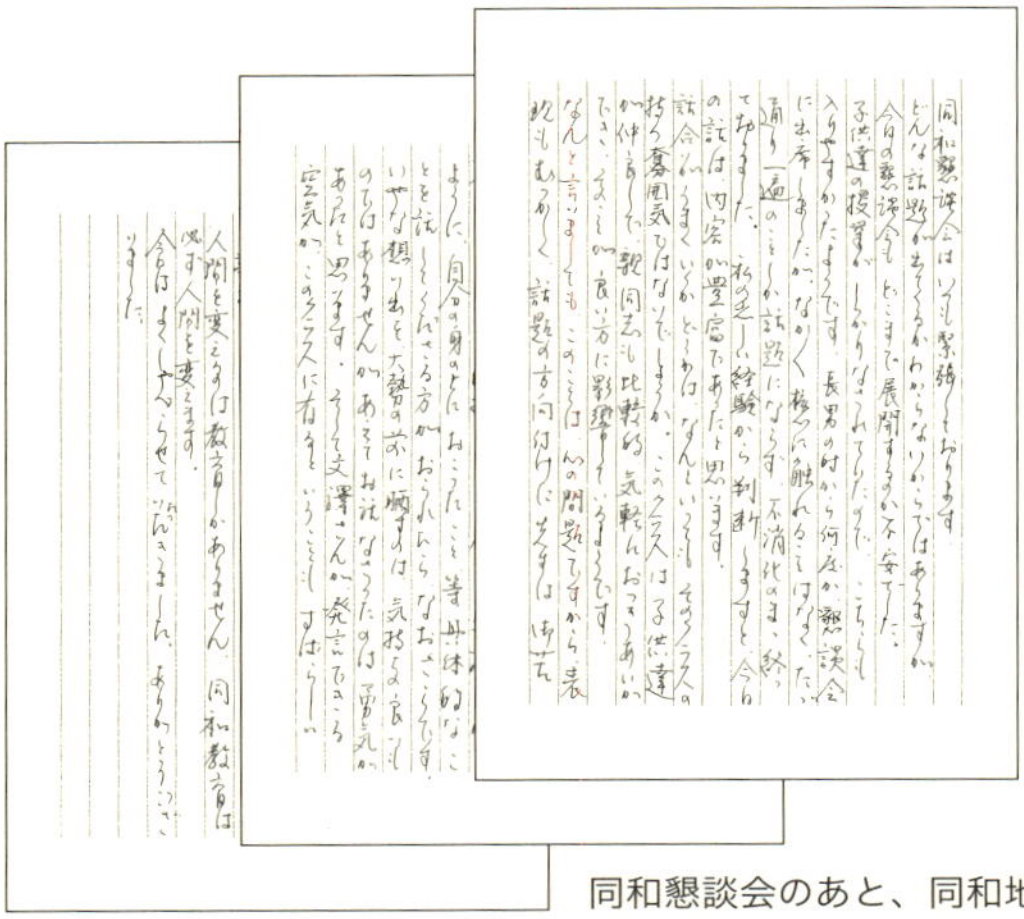
同和懇談会のあと、同和地区のお母さんから届いた手紙

私は同和地区のある学校に勤め、ムラの子（部落の子）をたくさん教えてきました。そして差別の現実も目の前でみてきました。同和教育が人権教育になったからといって、いまも同和問題は解決なんかしていません。これからもこの取り組みは続けていかなければなりません。

十五年前、同和地区のある学校に赴任したときに、私の学級のムラのお母さんから、きついひと言をいただきました。

「先生、差別っていうのは、学校の教師がつくってきたんですよ」

住井すゑ氏の『橋のない川』でも出てくるように、やはりこれまでの差別に教師が加担してきたことは否定できません。また現在でも、同和問題について無理解な教師は、自分自身はしていないつもりでも、知らないうちに差別に加担していると言えるのかもわかりません。

あのきついひと言をいただいたムラのお母さんの息子を私は二年間担任しました。その二年が終わろうとしていた最後の参観授業後の懇談会の翌日に、次のような手紙をいただきました。この手紙が人権教育の世界に入る大きなきっかけとなりました（当時は、まだ同和教育と呼んでいました）。

同和懇談会はいつも緊張しております。どんな話題が出てくるかわからないので、今日の懇談会もどんな展開になるか不安でした。

でも今日は、子どもたちの授業がしっかりなされていたので、こちらも入りやすかったです。長男の時から何度か懇談会に出席しましたが、なかなか核心に触れることなく、ただ通り一遍のことしか話題にならず不消化のまま終わっておりました。私の乏しい経験から判断しますと今日の話は内容が豊富であったと思います。

話し合いがうまくいくかどうかは、何と言ってもそのクラスの持つ雰囲気ではないでしょうか。このクラスは子どもたちが仲よしで、親同士も比較的気軽におつきあいができ、そのことがよいほうに影響しているようです。

何と言いましても、このことは心の問題ですから表現もむずかしく、話題の方向付けに先生はご苦労されておられるとお察しします。が、教師の同和に対する理解度、気構え、そしていかに生きた言葉で話すことができるかにすべてがかかってくるのではないでしょうか。

いまだによくわかりませんと発言される方もいらっしゃいますが、同和って何ですか、差別って何ですか、と問われる方に対して、どう答えるかによって、そのあとのことは、決まってくると思います。曖昧な抽象的な言葉で濁されてしまいますと、結局わからないまま終わってしまいます。加えて沢口さん（仮名）のように自分の身に起こったこと等、具体的なことを話してくださる方がおられたら、なおさらです。いやな想い《ママ》出を大勢の前にさらすのは気持ちのよいものではありませんが、あえてお話なさったのは勇気があったと思います。そして沢口さんが発言できる空気があるということもすばらしいことではないでしょうか。同和地区の人が気軽に話せる雰囲気をつくり出すことがとても大事だと今日は感じました。そして私たちもどのような話題になっても対処できるだけの知識を持たなくてはならないと思いました。

同和学習はいつも子どもたちの方がリードしております。子どもの真剣な取り組みは、きっと親を動かすだろうと期待しております。

人間を変えるのは教育しかありません。同和教育は必ず人間を変えます。

今日はよくしゃべらせていただきました。ありがとうございました。

一九九二・二・七　東山　ひとみ（仮名）

その後、私は担任から四年ほど離れ、人権教育推進教員として、校内や校外での人権教育の推進者の一人として取り組んでいきました。

●子どもたちの叫びを大人は聞いてほしい

世のなかの差別をつくり出しているのは誰か？――それは大人です。子どもたちは学校でしっかり勉強しているのに、そんな純粋な子どもたちに偏見と差別のシャワーを降りかけるのが大人です。だからこそ大人がもっとしっかり勉強してほしいものです。

私が勤めていた同和地区のある小学校のすぐ隣には、中学校もありました。私たちは小中連携ということで、月に一度は必ず会合を持ち、子どもたちのことを伝え、確認し合っていました。「小中九年間で一緒に子どもを育てよう」が私たちの合い言葉でした。小中連携というと、すぐにカリキュラムや教材の連携などの話が出るのですが、それだけではなく、普段の生活のなかで仲間同士をどうつなぐかをよく話し合っていました。前述の「差別の氷山」で言えば、海水の部分です。同和地区の子どもも地区外の子どもも関係なく、お互いが人間同士としてどのようにつながっていくか、そんな仲間づくりの話を大事にしていました。

中学生が帰り道、小学校の横を歩いているとき、

「今度の合唱コンクールで指揮をするんだろ」と話しかけると、

「なんで小学校の先生が知ってるの？」

「先生は何でも知っているよ、ハハハ」というような光景が何度もありました。

中学校の教師といつも連絡を取り合ったり、学級通信や学年通信をもらっていたので、こんな会話を中学生とすることができたのです。そうしている間に、この子どもたちは仲間とつながり、たくさんの感動体験をしていきました。

そんな小中の教師が一緒に育ててきた中学生が、卒業式のときに、次のような答辞を残してくれました。すばらしい言葉に私は涙がとまりませんでした。世間の偏見や中傷に負けずにがんばってきた中学生たちの姿がここにありました。

この答辞を「人権教育のすすめ」のまとめにしたいと思います。

多くの人が入学前からいだいていた「西宮中は怖い」という不安は、十八期生のみんなと温かい先生方に囲まれて、いつの間にやら消え去っていきました。それよりも「人に対する見方」が変わっていったと思います。人をみかけで判断しなくなったことです。西宮中で学んだことは、ほかにもいくつかあります。

その二つ目は「人を思いやる心」です。週一時間の道徳同和学習をはじめ、それ以外の場での先生方の日常的な言葉から「いかに一人の人間として、何を大切にするべきか」を学んできました。にもかかわらず、心の揺れをどうすることもできず、いつしか髪の毛を染め、自らを傷つけ、授業を抜け出してしまう仲間もいました。しかし、私達はそんな仲間を見捨てることはしませんでした。「みんなで授業に入ろう」と、どこまでも追いかけていきました。そんな仲間を思う気持ちは、ともすれば集団から、はずれがちな仲間も次第に髪を黒くし、授業にもだんだんと戻ってきました。

三つ目は「いろいろな人と話し合うことの大切さ」です。いろいろな人の「自分とは異なる意見」を聞くことによって、自分の考えも変わっていくし、視野も広がっていくからです。私達の学年目標である「互いに個性を認め合い、一人ひとりに輝きを」を合い言葉として、それぞれが自分への新しい発見に挑戦し、自分の得意をみつけられた仲間も多かったように思います。どんな人でも長所と短所があり、それを認め合い「人として尊重することの大切さ」も学びました。そして今、私達は一人で生きているのではなくて、必ず友だちに助けられながら、支えてもらいながら、生きているということも忘れてはいけないと思います。何よりも決して仲間はずれがなかった18期生と母校「西宮中」は、ダイヤの原石のように私達を美しく磨いてくれた学校でした。そこを卒業できることを誇りに思います。

誰にどんなふうに思われようと、私達はこの「西宮中」が大好きです。後輩のみなさんも、世間の中傷や偏見に負けずに、自分の通っている「西宮中」を大事にしてください。「西宮中」はどこにも負けない「人としての強さ」や「とびっきりの優しさ」に巡り合える所だからです。

西宮中学校　第十八期生卒業式(一九九八年三月十三日)答辞より一部抜粋　(学校名は仮名)

第10章 「体育」のすすめ——体育を通しての人間づくり

体育の学習とは、いったい何でしょう。
跳び箱が跳べるようになること。
バスケットがうまくなること。
そんな運動技術の上達もあるでしょう。
でも、私は、
「人間としての生き方を学ぶこと」
と考えています。

●高田典衛先生と土谷正規先生との出会い

大学生のときに読んだ体育の本で一番感動したのが、高田典衛先生の『子どものための体育科教育法』（大修館書店）と『児童体育入門』（明治図書）でした。体育の教師をめざしていた私にとって、これらの本は衝撃的でした。

それまで自分が経験してきた体育授業のイメージと全然違っていました。もう三十年以上も前の本ですが、いま読み返しても新鮮に感じるのは、現在もなおこんな授業が求められているからでしょう（もうすでに絶版になっているかもしれませんが、ぜひ復刻版を出してほしいものです）。

そして、大学を卒業して二年目、その高田典衛先生（当時横浜国立大教授）の講演を千葉県の小学校で聴く機会に恵まれました。演題は「体育を通した人間づくり」でした。

また、このころから体育の授業というものを自分の教育の中核にしたいと考えていました。それを決定的にしたのが、その二年後の土谷正規先生（当時奈良文化女子短大教授）との出会いでした。

土谷正規先生も高田典衛先生と同じように、「体育とは人間の生き方の教育である。体育を通して人間づくりをしていくのだ」と話されていました。心にストンとおちたこの言葉は、「体育の授業イコール人間づくり」として、私の教育観の基本になっていきました（第三章「目標の先生との出会い」67ページにも書いています）。

●体育の授業で大切なこと

教師というのは、どの教科においても自分が受けてきた授業が基本になっていて、その繰り返しをしてしまう傾向があるようです。本読みをたくさんさせられた人は、同じように本読みをたくさんさせたりするようです。

なかでも、過去に教わったように教えてしまう傾向の強いのが体育の授業ではないでしょうか。体育の授業とは、運動場に出て整列し、まずは準備体操（ラジオ体操など）を行い、そのあとで男女別に分かれてボール一個を受け取り、ドッジボールを始める。時間がきたら、整理体操をして終わり――このようなパターンがよく行われていました。さすがに最近はこういった体育はあまりみなくなりましたが、それでも似たり寄ったりのことはあるようです。

体育の学習とは、一般的には運動の技術を教えるものと思われがちです。どうしたらうまく跳べるか、どうしたら速く走れるか、どうしたら技術が伸びるかと考えられてきました。もちろん運動技術の習得は体育の学習のとても大切な部分ですが、それだけでは体育の学習とは言えません。

体育の学習とは、運動技術の習得だけでなく、運動やそれに関連する行動を、自分、そして仲間とともにとらえ、どう乗り越え、どう高めていくかという過程を学ぶことです。教師のハウツー式の指導によって跳び箱を全員跳ばせ、子どもたちが大喜びしたとしても、これは、子どもの大切な学習過程がとんでしまっています。

「どうしたら跳べるだろう」「もうやめたい、でも友だちが励ましてくれる。先生もみていてくれる」「苦しいけどやってみよう」という子どもたち自身の試行錯誤や心の揺れ、喜び、苦しみなどの共有体験が大切です。そして、これこそが子どもの学習であり、教師にとっての授業づくりです。座学ではなく、行動を伴う体育学習のなかには、こんな社会性や人間性を伸ばせる大切な学習過程があります。昨今盛んに叫ばれている「生きる力」や「心の教育」がここにあります。だからこそ「体育を通しての人間づくり」をすすめていく必要があると考えています。

●一番苦手な子が生き生きと活動する体育に

私は小さいころから運動が得意で、体育の時間はとても目立っていました。大学も教育学部の体育科を卒業しています。

しかし、運動が得意なそんな私にも唯一苦手だったものがありました。それは水泳でした。小学校にプールがなかったのが原因だったのかもわかりませんが、中学校になってから初めて受ける水泳の時間はもういやでいやでたまりませんでした。水泳のある日は登校前に頭が痛くなってくるのです。「ああ、休みたい、頭が痛くなれ」と念ずると、本当に痛くなって休んだこともありました。いままで味わったことのない体験でした。「体育が嫌い！」。そう思いました。

高校でも水泳の時間はいやでしたが、二、三年生のときの体育の先生は全員に同じことを同じように一斉にさせる水泳ではなく、個々に合わせた水泳の授業でした。「これならできそうだ」と思うことができました。そんな経験もあったせいか、大学での私の卒業論文は「体育嫌いの子の指導について」というものでした。

土谷正規先生は「一部の運動のできる子が喜ぶような体育は駄目です。クラスで一番体育の苦手な子が目を輝かせて取り組むような体育の授業をつくることが大切です」と常々話されています。私は「そんな体育の授業を創りたい。そして体育嫌いの子が一人でも少なくなるようにしたい」と強く思うようになっていきました。

●魅力ある体育学習にするための四つの条件

クラスのなかで運動のできる子もできない子も、みんなが生き生きと取り組む体育学習とはどんなものでしょう。そんなことができるのでしょうか。私は次の四つの条件が整えば可能だと考えています。

●魅力ある環境がある――「おもしろそうだな、やってみたいな」

跳び箱を跳ぶ授業にしても、跳び箱を一定の高さで、一定の間隔に並べ、一定の技で、笛とともに跳んでいくよりも、跳び箱の段数を変えたり並べ方を工夫したりしていろいろな跳び方ができるようにすれば、もっと生き生きと動けるでしょう。また、跳び箱だけでなくマットや平均台も出して、子どもの遊び場のようにすれば、さらに意欲的に活動するのではないでしょうか。「おもしろそうだ、ボクもやってみたい」と一人ひとりが思える環境づくりをしてやりたいものです。

● 自分の発想を生かすことができる――「これならボクにもできそうだ」

「手をこうついて、足はこうして、前転をしなさい」と指示されたら、子どもはそのとおりにしかできません。そうではなく、例えば「目がクルクルする動きを考えよう」と指示すれば、子どもは前転のようなものでもいいし、後転や側転のようなものでもよく、とにかく自分の発想で動きを創り出すことができます。「これならボクにもできそうだ」と一人ひとりが思える指示を与えたいものです。

● 仲間と協力しながらできる――「一緒にできて楽しそうだ」

友だちと協力しながらできた喜び。友だちと苦労してやっとつかんだ勝利。これは一人では味わえない大きな喜びです。支えたり、支えてもらったりする仲間や励ましてくれる友だちがいる、励ます友だちがいるということはすばらしいことです。そんな仲間づくりをさせてやりたいものです。

● 時間が十分にある――「思う存分できるぞ」

自分の発想が生かされ、友だちと協力して取り組んでいても、その活動の時間がわずかしかないと、子どもは満足できません。子どもが考えたり、悩んだり、創り出したりするための時間を大切にして、できる限り時間を与えてやりたいものです。

● 体育を通した人間づくり――実践例「私たちのゴールパスゲーム」(四年)の授業を通して

体育の学習を通して、社会性や人間性を高めるにはどうするのか。一番苦手な子が生き生きとするにはどうするのか。一人ひとりの運動技術をどう伸ばすのか。魅力ある体育の四つの条件をどう実現するのか。これらの課題を、実際に私が受け持っていた四年三組の子どもたちに行ったボールゲームの授業の実践記録を通して考えてみたいと思います。

①教材づくり――子どもの実態からつくる

教材づくりの基本は、子どもの実態から考えるということです。

《四年三組の子どもの実態と課題》

そこで、四年三組のボールゲームの授業づくりとして、まずはクラスの実態と課題を考えます。

- 与えられたものは無難にこなすが、「自由に考えて」というと戸惑う傾向がある
- 「人と違う」ことに抵抗がある
- 運動面でハンディを持った子が三人いる
- 「支え合う仲間」というのが学級目標である
- 三年生でパスゲームをしており、今度はゴールのあるゲームを要求している

このような実態から、新しいボールゲームはつくれないかと考えていきました。

まず思い浮かぶのが、二分脊椎症で両足が不自由な山本さん、口蓋裂で片目が見えない大原さん（仮名）、心臓病で小さいころはほとんど運動経験のない谷本さん（仮名）たちの姿でした。この三人が生

き生きと楽しくできるボールゲームはどんなものか。この三人にシュートする喜び、ゴールした爽快感を何としても味わわせたいと思いました。

《ゴールの工夫》

そこで、ゴールについて検討しました。この三人を含め、クラス全体から考えると、ポートボールのような「投げ上げ型」のシュートより「投げ込み型」のシュートのほうがいいと考えました。思いきり上手から投げ込ませ、シュートの気持ちよさを味わわせ、同時に「投げる力」も十分に伸ばしてやりたいと思ったのです。

また、点数がどんどん入るようにキーパーはなしにして、みんなが攻められるようにしたいとも考えました。

・思いきり上手から投げ込めるゴールにする
・誰もが簡単にシュートを決められるゴールにする
・キーパーはなしにして、みんなが攻められるようにする

この三つの条件を頭に入れながら、試作を重ね、次のようなゴールを完成させました。

《ゴールの特長》

ちょうどハンドボールのゴールのよさとバスケットボールのゴールのよさをミックスさせたようなゴールが完成しました。

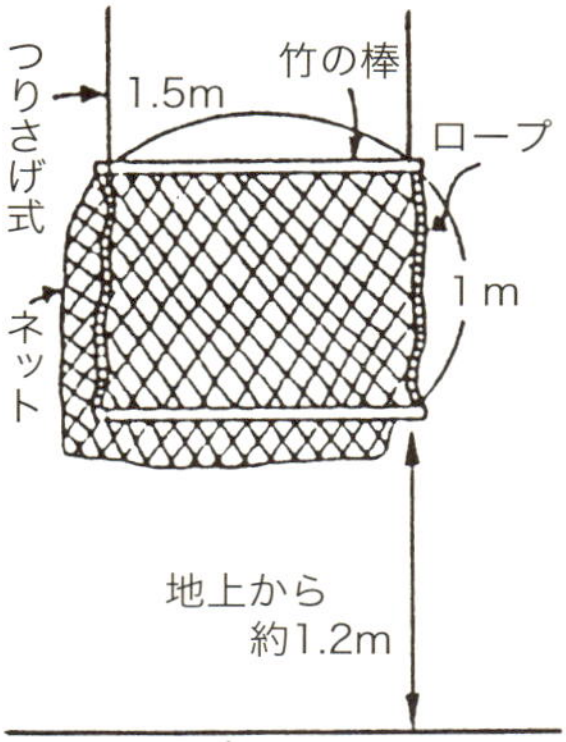

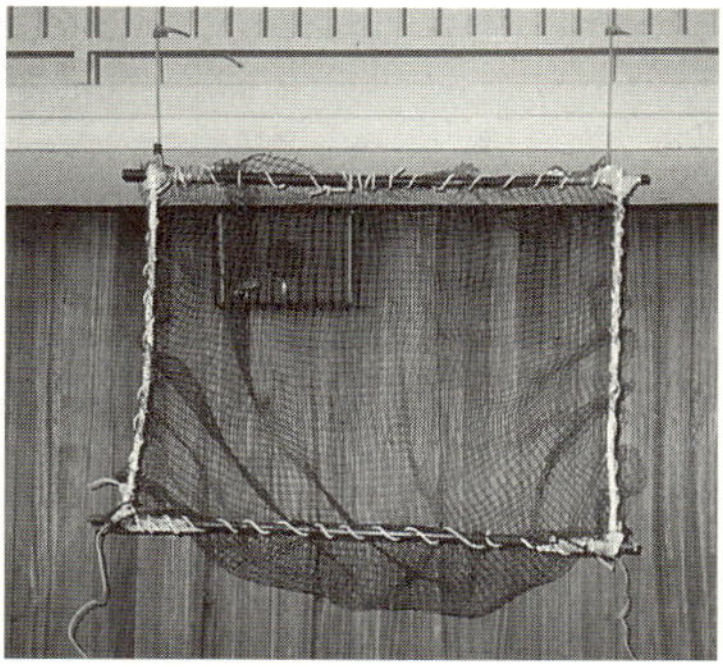
ゴールパスゲームのゴール

・的が大きいので、シュートが入りやすい
・ネットがゆったりと張ってあり、横がロープになっているので、シュートしたボールの衝撃を和らげ、ボールをうまく止めてくれる。これによりシュートが決まったかどうかがひと目でわかる
・設置位置が空中にあるので、キーパーがいらない

一時間目の授業のとき、このゴールを設置してから子どもたちを体育館に入れたところ、何も言わなくても目を輝かせてこのゴールにボールを投げ込んでいました。もちろん、あの三人も喜んでシュートを打っていました。

ここまでが、教材づくりに関して教師が用意したことです。このあとは、ルールづくりなどを子どもたちに任せながら授業は進んでいきました。

② 学習のめあて――「よいチームづくりをしよう」

この授業が始まる前、子どもたちにこの学習のめあてをはっきりと言いました。

「みんなが生きる楽しいボールゲームをつくろう」

そのために、

「よいチームづくりをしよう」

このめあてを達成するために学習は進んでいきます。そして学習するなかで問題点に出会ったとき、必ずここに立ち返らせて考えさせます。

「体育の学習なのに、技術面のめあては言わなくていいのか」と言われることもありますが、技術面のめあてをことさら言わないのは、よいチームになっていけば必ず技術面も伸びていくことが過去の経験からわかっているからです。むしろ言わないほうが子どもたちも技術にとらわれないで、伸び伸びとやっていきます。

③ チームづくり——男女混合の生活班でつくる

チーム編成は、チームゲームでまず最初に考えなければならない点です。基本は男女混合の生活班です。男女別、能力別に編成すれば、技術指導はやりやすいかもしれませんが、それでは人間関係は育ちません。女の子、男の子、苦手な子、得意な子といろいろなメンバーがいるからこそ人間関係が育つのであり、ほかの生活面にも生きてきます。

このクラスの場合も、男女混合の生活班で編成しました。ただ、あまりにもチーム間に能力差があってはいけないので、初めにみんなで各チームに男女一名ずつのキャプテンを選び、そのあとにいつもどおりの抽選でチームを決めました。一度チームを決めれば、よほどのことがない限り、そのチームで押し通します。たとえ連敗が続いたとしても、簡単にチームを変えたりしません。なぜなら苦しいときにこそ子どもは育つのであり、そのときの教師の指導こそ大切だからです。

④「よいチームづくりをしよう」——具体的なプレーを通して考える

学級目標は「支え合う仲間」。この学習のめあては「よいチームづくりをしよう」。子どもたちはそれを実際の行動で考えてこそ、その意味がわかるようになります。ですから、教師はそういう子どもの動きや言葉かけをしっかりとみておく必要があります。技術指導にばかりおぼれていてはいけません。

例えばシュートが決まったときには、その子に「ナイスシュート！」と言うだけでは絶対に駄目です。

「ナイスシュートだったね。うれしいね。そんな喜びを味わせてくれたのは誰かな」

「A君」

「そうだね、A君がいいパスをくれたからだね。いいチームになってきたね」と、必ずアシストした子も同時にほめてやります。

また、パスキャッチの下手な子が上手にキャッチしたときは、「ナイスキャッチ！」と受けた子だけをほめるのではなく、パスしてくれた子にも、

「Bさんが受けやすいようにパスしたんだね。Bさんのことを考えた心の込もったパスだったね」と言ってやれば、次はもっといいパスをするだろうし、いいキャッチをするものです。パスは人と人との心をつなぐ架け橋ということが理解できれば、パスの技術は非常に伸びていきます。

こんな例もあります。シュートした子の反対側に走り込んだ子に、

「C君は、Dさんがシュートをしたときにすぐに反対側に走ったね。もしDさんのシュートが外れたときは自分がとって入れようと思っていたんだね。これは二人の合作シュートだね。これが支え合う仲間なんだね」と言ってやります。また、シュートを失敗したときのチームメイトの言葉かけについても考えさせます。

「Eさんが失敗したとき、F君は『惜しかったよ、気にしなくていいよ、次がんばろうよ』と優しく声をかけました。でも、力を抜いていたGさんには厳しく注意していました。F君は友だちが生きるために本当の声かけをしていました。これが心の支えになり、みんながnext がんばれるのです」と言ってやります。

このように、一つのプレーでも何人かのかかわりがあることに気づかせることが大切です。上手下手などの技術面に目を向けるのではなく、心の面に目を向けるのです。同じ行動でも同じプレーでも、教師の見方によって子どもは大きく変わるものです。

⑤ チームのみんなが生きる――たとえ障害があっても

二分脊椎症の山本さんは、装具なしでは歩行ができません。両足に装具をつけて、やっとほかの子のゆっくり歩くスピードと同じくらいで歩けます。ほかの子と同じように体育をすることは無理でした。跳び箱を跳ぶことはもちろんできません。でも跳び箱によじ登って下りることはできました。山本さんはそれをがんばる子でした。体育で自分ができることは精いっぱいやろうとする山本さんでした。

この授業は「山本さんもシュートを打てるようにしたい」という願いから始まりましたが、山本さんは何とかシュートはできても走れないので、チームの人数を一人多くするつもりでいました。

ところが、チームを決めたとき、山本さんのチームの子から、「ぼくらも同じ人数でいい。ぼくらもがんばるし、山本さんもがんばるって言ってるから」と申し出がありました。これには私も戸惑いましたが、子どもたちを信じることにしました。

一時間目の授業のときから、チームの子らは自分の練習はほどほどにして、山本さんにつきっきりで教えていました。授業のなかでゲームが始まり、試合の数も増えていきましたが、やはり負け試合が多くなっていました。それでも「人数を増やしてほしい」とはひと言も言わずに、一生懸命に練習をしていました。放課後残って練習したり、家に帰ってからもやっていたようです。練習中に涙を出したことも何度かありました。「山本さんの分も走るんや」と言ってコートを走り回るチームメイトの姿に感動せずにはいられませんでした。そして山本さんにシュートを決めさせるフォーメーションをつくり、ついにそれが成功したとき、その感動は頂点に達しました。その試合は結局負けましたが、子どもたちは「今日は最高のゲームだった」と勝った以上に喜んでいました。チームはこのあと波に乗り、トータルの成績が結局二十二勝二十二敗六分けとなりました。立派な成績でした。

この学習が終わったあと、クラスの子たちの山本さんに対する接し方に変化がみえました。それまでは手をさしのべて助けてあげるという感じだったのが、時には手も出さず、ただ見守るだけの態度を見せるようになったのです。いつも手を出して支えるのではなく、時には手を出さずに見守り、心で支えることを学んだようでした。

山本さんは強くなりました。そして、みんなが優しくなりました。これが本当の「支え合う」ということではないでしょうか。

弱い子や下手な子に合わせると、強い子や上手な子が伸びないと言われることがありますが、決してそうではないことがこの授業からもわかります。山本さんの周りの子は、山本さんを生かすために、いままで以上に考え、走り、技術面でもすばらしく上達しました。そして何より人間的に大きく成長しました。

⑥ ルールづくり——自分たちで自分たちのためにつくる

「ポートボールをします。ルールはこうです」

最初から与えられることに慣れた子どもは、いつも教師の指示を待ちます。教師が指示を出さないと、動けない子どもになっていきます。

この授業の一時間目、

「さあゲームを始めますよ。ルールはね、三人対三人ということと、ゴールにシュートが入ったら一点ということだけです。さあ始めましょう」と言っただけで、強引に始まりの笛を鳴らしました。子どもたちはどうしていいやらわからないまま、何となくゲームを始めています。敵同士で同じゴールにシュートを打ったり、ドリブルする子や走り回る子、隣のゲームのなかに入っていく子、もう体育館中大騒ぎになりました。そうしながらも徐々にルールができあがっていきました。ほぼできあがったのが五時間目で、完成は十時間目でした。

ゴールパスゲームは３人対３人、男女混合チームで戦います

ルールをつくっていく際に気をつけなければならないのは、上手な子の意見や活発な子の意見でどんどん決まってしまうのを避けることです。弱い立場の子の意見もしっかりと聞き、みんなの意見でみんなが生きるルールをつくり出すことです。ルールを子どもたちにつくらせると、はじめの五時間ほどは本当に混乱が続き、「これでいいのだろうか」と悩みますが、教師はここを待つことが大切です。つまずきに出会ってこそ、子どもたちは成長します。子どもたちは、自分たちが自分たちのためにつくり出したルールは自分たちでしっかり守ろうとします。

太田さんは次のような作文を書いていました。

「先生がこのゲームの名前もルールも全部決めていたら、このゲームはそれほど楽しくなかったと思います。…もしこのことを先生が考えていたら、きっとうれしくても、とびはねるほどのうれしさもなく、問題だって先生がかたづけてくれていたら、こんないいルールはできなかったでしょう」

自分たちでつくっていく楽しさを知った子どもたちは、ほかの教科でも同じように積極的に取り組んでいくようになりました。

⑦時間は十分にとる――それが子どもを育てる近道

この授業は全部で十八時間行いました。「一つの単元に十八時間もとるなんて」とクレームがつきそうですが、子どもを育てるにはやはり時間が必要です。ルールもやり方も技術面も教え込んでいけば、確かに早く終われるでしょうが、それでは子どもは育ちません。

チーム内やチーム間で、もめごとはたくさん出てきます。「なかなか勝てない」「○○君ばかりボールを持つ」「○○さんがミスばかりする」。ルールについてのトラブルも、「攻め方は？」「守り方は？」。子どもたちはつまずき、悩みます。

しかし、これらの問題に正面から向かわせることです。常に「よいチームづくりをしよう」という学習のめあてに立ち返らせて、考えさせます。教師の役目は、子どものつまずきをとってやることではなく、つまずきを与え、それに立ち向かい、乗り越えていく力を育ててやることです。そのためには、やはり時間が必要です。

しかしこの十八時間は決して無駄ではありません。いったんそういう力がついた子どもたちは、体育はもちろん、国語でも算数でも給食の時間でも力を発揮し始めます。次からは、そう時間がかからなくなります。

ここというときにしっかり時間をとってやることは、結局子どもを育てる近道だと考えます。年間カリキュラムは大切ですが、それに縛られて子どもをつきあわせることだけは避けたいものです。

⑧ ほかの生活にも生きる——子どもたちの成長

子どもたちはこの学習を終えて、いろいろなことを学び、大きく成長しました。その一端を子どもの作文の中から紹介していきます。

◇ゴールパスゲームの練習のときも遊びのときも、仲よく楽しく支え合ってすることがひじょうに心に残りました。ぼくは、いつでもどこでも「協力する、助ける、支え合う」ということを忘れないようにしようと思いました。

◇この前、夕方5時くらいまで練習したときぐらいから、私がパスしたりシュートしたりすることが多くなりました。「これも班のみんなのおかげだな」と思いました。

◇私は、ゴールパスゲームから学んだことがいっぱいあります。まず一つは支え合う仲間です。わからない子、苦手な子を教えてあげたりすることから6班のチームワークが出てきました。…そしてこの教え合い、助け合いは、勉強にも出てきました。

◇ゴールパスゲームは自分一人ではできません。みんなと仲よく、楽しく、支え合っていくゲームです。そのことを体育の授業だけでなく、その他の授業でもみんなと支え合っていきました。また、チームワーク、チームプレーができていたら、勝負に関係なく楽しかったと思いました。

●体育の学習とは、自分の生き方に自信と勇気を与えてくれるもの

前述のゴールパスゲームの実践に出てくる二分脊椎症の山本総子さんは、それまで体育は見学、ましてボールゲームには参加できるはずがないと思っていました。それは本人だけでなく、周りの友だちも、そして担任の私もそう思っていました。しかしこのゴールパスゲームの授業をすすめていくうちに、「体育とは何か」という答えを、彼女は私たち全員に教えてくれたのです。

山本総子さんが、その後小学校を卒業し、中学校の三年生になったとき、この「ゴールパスゲーム」の授業を振り返ってくれました。まずはその文を紹介したいと思います。

忘れられない小学校時代の体育

兵庫県西宮市立平木中学校3年　山本総子

私には、体育の授業で素晴らしい思い出があります。それは小学校4年生の時の「ゴールパスゲーム」です。

このゲームは足に障害があり、思うように動けない私にも参加出来るようにと、内容やルールをその時の担任の仲島正教先生とクラスの友だちとが考えてくれたものでした。力の強い男子を私と同じチームにしたり、ゴールにボールを入れやすいように私がゴールの近くで待つことなどを考え出しました。

初めての練習の日、シュートやパスなどの練習をしましたが、うまくいかず、本当にみんなと一緒

にやれるのか不安でした。でも放課後、チームの友だちが「練習しよう」と声をかけてくれ、その言葉に勇気づけられ、私のために一生懸命になってくれる友だちがいるんだからと思うと、うれしくて半分泣きながら一生懸命練習しました。

そして、初めての試合の日、私は緊張してしまって、いざとなったら何をしたらいいのかわからず、思うように動けないままチームは負けてしまいました。

その後も何回試合をしてもチームは負け続けてしまいました。私は何度やっても思い通りに動けない自分に腹が立ち、チームのために自分はやめた方がいいのではないかとも思いました。でもその時、先生はじめ友だち全員が、どうしたら私のチームが強くなるかを考えてくれたのです。そんな友だちをみていて、やめてしまおうかとあきらめかけた自分が情けなくなり、もう一度がんばろうと思い直しました。

また放課後の練習が始まり、いくらやっても入らなかったボールが、何度も繰り返してやっているうちに入るようになり、やれば私にもできるんだと自信がついてきました。

試合の時は、練習の時にチームの友だちに言われたことを思い出し、友だちがパスしてくれたボールをただゴールに入れることだけを考えて夢中でやりました。私のシュートも何本か入り、チームはなんと勝つことができたのです。私はうれしくて飛び上がりたいほどでした。でも私以上に喜んでくれたのはチームの友だちでした。文句も言わずに毎日といっていいほど放課後の練習を一緒にやってくれました。だからこそ私もがんばれました。

その1勝をきっかけにチームは連勝していきました。弱すぎて相手にもならなかったチームが勝ち続けるので、今度はどうしたら私のチームに勝てるかという話し合いまでされるほどになっていきま

最終試合終了後の記念写真。山本さんは前列の23番の子の左横

した。それ以来、勝つ回数は少なくなってしまいました。が、私のチームの友だちは落ち込みませんでした。放課後に練習していた最初の頃は、他のチームに勝つために練習をしていたのに、その頃では勝ち負けよりも、むしろ友だち同士協力し合って行動することが楽しくなっていて、勝ち負けにはこだわらなくなっていたからでした。

この「ゴールパスゲーム」は体育の授業ということを通り越して、人と人との交流ができた素晴らしい機会でした。私自身それまではそんなふうにみんなと同じように参加できるとは思っていませんでした。何をするにも、みんなより遅くなることが当たり前で、みんなと同じように行動できなくて、腹立たしく、悲しく、みじめに思ったことが何度もありました。でも「ゴールパスゲーム」をしている時だけは、自分の障害のことを忘れて一緒に楽しむことができました。

試合最後の日、体の調子が悪くて出場できなかったけれど、それでも楽しい試合でした。1年を通してやった「ゴールパスゲーム」の最後だと思うと悲しくなって、試合が終わった後、みんなで泣いてしまったことを思い出します。その時に、仲島先生やクラスの友だちと一緒に撮った写真を大切に持っています。
あの時の思い出は私の宝物です。

（『体育科教育』（大修館書店）一九九六年四月号より）

この「ゴールパスゲーム」は、体育の授業として終了したあとも、学期の最後には学級会などでもう一度やるなど、子どもたちの心にずっと残っていきました。

その後、中学校を卒業した山本総子さんは、家から遠く離れた高校へ自力で通い続け、高校卒業後、短大へ進学しました。ここで社会福祉の勉強を始めた彼女は、さらに勉強するために難関の関西学院大学の編入試験にチャレンジし、見事に合格しました。そして、あの「ゴールパスゲーム」と自分の人生を重ね合わせた文章を寄せてくれました。

私の人生を変えた体育の授業

関西学院大学四年　山本　総子

今、私の手元に一枚の写真があります。今から12年前、小学校4年生の時に体育の授業で行った「ゴールパスゲーム」の最終試合終了後に、2年間を共に過ごした仲間たち、そして仲島正教先生と一緒に撮ったものです。その写真を見ながら「ゴールパスゲーム」の体験は私にとってどんな意味を持っていたのか、ということをあらためて考えました。

一言で言うならば「ゴールパスゲーム」そして仲島先生との出会いは〝人生の転機〟でした。

今思い返してみると、それ以前の私は何事にも消極的で、ただおとなしい子どもでした。先天性下肢障害を持っていたことから、常に心の中に〝私は何もできない人間だ〟という諦めの感情が無意識のうちに巣くっていたのです。それに、何かあれば誰かがすぐ助けてくれました。私はそれに甘んじて、自分で自分を〝駄目な人間〟に仕立て上げ〝妥協〟を強いていました。でも心の中には、他の子と同じように走ったり動いたりできない自分への悔しさと、何かに挑戦して自分に自信をもてるきっかけが欲しいという気持ちがありました。

そして「ゴールパスゲーム」に出会い、私は変わりました。最初は「私には無理だ」と思っていたパスやシュートも、何度も練習するうちにできるようになり、ついには勝利する喜びすら味わうことができたのです。このことで〝一見、困難と思えるようなことでも、簡単に諦めず、まずは挑戦してみること〟の大切さを実感しました。

もう一つ学んだことは、自分に〝できないこと〟の数を数えるより〝できること〟を見つけ、その〝できること〟に関しては努力を惜しまない前向きな姿勢を持つことの重要性です。私には〝できないこと〟がたくさんあります。体育の授業でいうならば、走ることや跳び箱を跳ぶこと、鉄棒での逆上がり等です。でも私には、全速力で歩くことや跳び箱によじ登ること、鉄棒にぶら下がることなら〝できる〟のです。自分で工夫したり、誰かに少し手を借りれば、私に〝できないこと〟はほとんどありませんでした。そして、自分のできる範囲のことには精一杯取り組むことが習慣的にできるようになり〝自分にできないこと〟を並び立ててクヨクヨするよりも〝自分にできること〟を探す方が、何倍も自分を大切にした豊かな生き方ができることがわかったのです。

こうしたことを体育の授業、特に「ゴールパスゲーム」を通して学ぶことができたのは、仲島先生の存在があったからに他なりません。先生は、クラス全員に平等に目を向け、心を砕いてくださる〝優しい〟先生でした。でもけっして〝甘い〟先生ではありませんでした。特に私に対してはそうで、障害を持っていることで自分を甘やかすことは許されず、目の前に立ちはだかる困難に対しては、自分の頭で考え、自ら行動、挑戦し、時には積極的に人に協力を求めることが必要であることを教えられた気がします。先生は、私が困ったことに直面しても簡単には助け船を出してはくれず、ただ見ているだけということが多くありました。その〝厳しい〟態度はクラスの仲間たちにも伝わり、みんなが〝本当の優しさ〟を知ったことで、私たちは「支え合う仲間」という学級目標を実現できたのだと思います。先生は〝自分を輝かせるのは自分自身であること〟や〝誰かの支えがなければ人は生きられない〟ということを私たちに教えてくださいました。

仲島先生のクラスで過ごした2年間、ずっと思っていたことがありました。それは、先生にとって教師は〝天職〟なのではないかということです。先生は私たちと接する時、いつも生き生きと輝いて見えました。そんな先生の姿を見ながら〝私の天職は何なのだろうか、私はこれからどんな人生を歩むのだろうか〟ということを、私は真剣に考えるようになっていったのです。

そして、私はその答えを見つけ出し、現在大学で〝社会福祉〟を学んでいます。

その中で私が関心を持っているテーマのひとつに、健常児と障害児を共に学ばせる「統合教育」があります。私はこの統合教育が〝当たり前〟になることを願っていますが、その理由として〝障害児が自分に自信を持つきっかけとなり得る〟ことがまずあげられます。障害児、特に身体障害児は幼少期から〝できないこと〟に直面する機会が多く、自らを過小評価してしまいがちです。でも、健常児と共に学び、何か少しでも自分に〝できること〟が見つかると、自分に対する肯定的評価ができるようになると思うのです。健常児も、障害児と共に学ぶことで得るものは少なくないでしょう。仲間と一致団結しなければ成り立たない体育の授業は、統合教育の中でも特に重要な意味を持つと私は考えます。

12年前、仲島先生と「ゴールパスゲーム」との出会いは〝強い自分に生まれ変わる転機〟でした。この出会いに感謝し、私は今後も〝自分にできること〟を精一杯やるつもりです。

（『体育科教育』（大修館書店）二〇〇三年八月号より）

体育の学習とは、自分の生き方に「自信」と「勇気」を与えてくれるものです。

■参考文献

［第三章］

小林　篤編『土谷正規の体育』タイムス　一九八一年

岩井邦夫『子どもが生きる忍者の体育1～3』明治図書　一九九四年

落合幸子・築地久子『築地久子の授業と学級づくり』明治図書　一九九四年

［第九章］

堀井隆水『人権文化の創造』明石書店　二〇〇〇年

おわりに

三ヵ月ほど前、思いがけないメールが私の携帯電話に入ってきました。

「先生、お元気ですか。松元（仮名）です、覚えていますか。俺、大学に行って小学校の先生になろうかなって思っているんですが……どう思いますか」

松元君はいま、高校三年生。私が小学二年生で担任した教え子です。中学校では問題を起こし、関係機関にもお世話になった、けっこうやんちゃなやつでした。

「そうか、そんなことを考えていたのか。先生は大賛成だよ。君が教師になったら、きっといい先生になると思うぞ。だって君はいろんなやつの気持ちがわかる、優しい子だからな」

私はうれしくて少々興奮気味でした。

恥ずかしがり屋の彼は、小二で私のクラスになったとき、いつも少し後ろから私を見ていました。そんな彼は、給食準備の時間に、当番でもないのにこっそりと当番のあとをついてきて、私が振り返るとさっと柱の影に隠れます。そして当番が給食室に着き、それぞれが食器などを運び始めます。すると一番重そうに持っている友だちの横に彼はさっとやって来て、一緒に持ってくれました。そんな彼を私は「優しい松元忍者がやってきた！」と誉めてやりました。毎日やってきてくれます。また、友だちが牛乳ビンを倒して牛乳がこぼれたとき、彼はさっと雑巾を持ってきて床を拭いてくれました。そんな優しい子でした。だから中学のときに関係機関にお世話になったと聞いて、本当にびっくりしてしまいました。

事件後しばらくして、私は彼の家を訪ねました。彼は、最初はうつむき加減で無表情を装っていましたが、私が話し始めると少しずつ柔らかな表情になり、やがて小二のときと全く同じような優しくていい目をしてくれました。

「これからも、おまえのことを応援しているからな。大丈夫や、がんばれ」

「ありがとう、先生……」

あれから三年、今回のメールが届きました。

私が中学三年生のときに担任であった里則男先生は、私が教師になったときにとても喜んでくださいました。そしてそのあとの年賀状には毎年、「教育は足でかせぐもの」と記してありました。また、私が勤めていた小学校の幸田修一校長先生は「教育とは今日行くことや」が口癖でした。

やがて「教育は足でかせぐもの」と「教育は今日行くこと」の二つの言葉が、私の教育の原点になっていきました。ちょっと気になることがあったら家庭訪問、ちょっといいことがあっても家庭訪問、家の近くを通ったら用事がなくても家庭訪問。そんなふうになっていきました。松元君が小学二年生のときも、よく家庭訪問に行きました。松元忍者の活躍も言いに行くし、授業中に発表したことを伝えるためにも家庭訪問です。するとお母さんの彼を見る目が、明らかに温かくなりました。男三人兄弟の真ん中の彼をお母さんはあまりよく思っていなかったようでした。でも家庭訪問を続けていくうちにお母さんは変わっていきました。すると彼の少し斜めに向いていた目も、まっすぐにキラキラした目になっていきました。

本書を終えるにあたり、若い先生たちに最後に伝えたいのは「教育は足でかせぐ」ということです。何かがあったら、自分の足で確かめましょう。自分のからだを使って話しましょう。忙しくても時間を見つけて行きましょう。しんどい子ほど、そんな先生を待っています。

「先生は俺のためにわざわざ家に来てくれた」「先生は私の息子のためにわざわざこんなことをしてくれた」。そんな言葉を何度も聞きました。教師のちょっとした「わざわざ」は、しんどい子の心を温めます。ちょっとした「わざわざ」は、その子の勇気と希望になります。

世間では、「勝ち組」や「負け組」という言葉がよく使われています。私はこの二つの分け方がとてもいやなのですが、どうしても使えというなら、私は負け組に目をかける教師でありたい、そう思っています。もちろん、勝ち組にも声をかけてやります、応援もします。でもしんどくて倒れそうな子どもにこそ、手をしっかりかけて、自分の力で歩く人間に育てていきたいのです。そんな子を決して見捨てない教師でありたい。それが私の教師観です。

最後になりましたが、こんな私をいつも応援してくださり、「本にまとめないか」と熱心に勧めてくださり、つたない実践をこんな立派な本に仕上げてくださった大修館書店の綾部健三氏、ならびに三浦京子氏に感謝の気持ちをお伝えしたいと思います。本当にありがとうございました。心より感謝申し上げます。

松元君は、小学二年生の文集の最後にこんなことを書いてくれていました。

「大きくなったら、仲島先生みたいになりたい」

いつか彼が教師となって、この本を読んでくれることを願ってペンを置かせていただきます。

平成十八年九月十五日

仲島　正教

[著者略歴]

仲島　正教（なかじま　まさのり）

教育サポーター
若手教師パワーアップセミナー「元気が一番」塾主宰

1956年兵庫県生まれ
1979年大阪教育大学卒業
1979年４月より小学校教員として兵庫県西宮市で21年間勤務
2000年４月より西宮市教育委員会人権教育室指導主事、学校人権教育課係長として５年間勤務
2005年３月末 48歳で退職
2005年４月より教育サポーターとして、若手教師対象に、毎月１回、授業づくり・学級づくり・子ども理解等のセミナーを開いている。また、講演活動は全国各地にわたり、「人権教育」や「学級づくり」等をテーマに、1400回を超えている
聖和短期大学非常勤講師
〈ＵＲＬ〉http://www2.bbweb-arena.com/naka602

教師力《きょうしりょく》を磨《みが》く――若手教師《わかてきょうし》が伸《の》びる「10」のすすめ

NDC375 / 231p / 19cm

初版第１刷――2006年11月10日
第８刷――2010年２月10日

著者――仲島《なかじま》 正教《まさのり》
発行者――鈴木一行
発行所――株式会社大修館書店
〒101-8466　東京都千代田区神田錦町3-24
電話03-3295-6231（販売部） 03-3294-2358（編集部）
振替00190-7-40504
［出版情報］ http://www.taishukan.co.jp

装丁者――和田多香子
印刷・製本――図書印刷

ISBN978-4-469-26624-5　　Printed in Japan